Gerhard Blail
O du fröhliche

Gerhard Blail

O du fröhliche

Die Geschichte unserer
schönsten Weihnachtslieder

Quell

Mit Illustrationen von Albrecht Dürer

ISBN 3-7918-2801-0

© Quell Verlag, Stuttgart 1994
Printed in Germany · Alle Rechte vorbehalten
1. Auflage 1994
2. Auflage 1995
Umschlaggestaltung: Klaus Dempel
Umschlagbild: Engel am Talheimer Altar Stuttgart
Foto: Robert Holder, Bad Urach
Notengraphik: Hans-Joachim Pagel
Gesamtherstellung: Maisch & Queck, Gerlingen

Inhalt

Lieder zur Weihnacht

Vom Glockenturm erklingen die Weihnachtslieder, gespielt vom Bläserchor in die Winternacht hinein – nach der Christvesper oder zur Mitternacht.

Daheim wird bei der Familienfeier vor der Bescherung eine Schallplatte mit Glockenklang und Weihnachtsliedern aufgelegt, und die Familie singt oder »summt« mit. In den Schallplattengeschäften erfährt man, daß Platten (oder auch Kassetten) mit Weihnachtsliedern zu den Bestsellern gehören. Kein Fest der Christenheit hat ein so großes Liedgut wie das Christfest – angefangen bei den großen Oratorien über die Choräle bis hin zu den schlichten Kinderliedern.

Älteste Weihnachtslieder

Die ältesten uns bekannten Weihnachtsgesänge in deutscher Sprache stammen aus dem 11. und 12. Jahrhundert: »Nun siet uns willekommen, hero Kerst...« – »Er ist gewaltic und starc, der ze Winaht geboren wart.« Vor dieser Zeit, also im 10. Jahrhundert, schätzte man die lateinisch-deutsche Mischform der Weihnachtslieder. Als Beispiel sei genannt: »In dulci jubilo, nun singet und seid froh...«

Wiegenlieder

Es ist sicher schon aufgefallen, daß viele Weihnachtslieder im Dreiviertel-Takt verfaßt sind. Bis vor etwa 150 Jahren war zur Weihnachtszeit das »Kindelwiegen« kirchliche Sitte. Das klingt noch nach in manchen Liedern wie: »Joseph, lieber Joseph mein, hilf mir wiegen mein Kindelein.« Zweifellos entstand eine große Zahl von Weihnachtsliedern für die Krippenspiele in den Kirchen. Bei diesen Spielen ging es um die Darstellung der Ankündigung an Maria, um die Verkündigung an die Hirten und um die Verehrung des Kindes. Dabei wurden auch Reigen getanzt, und die Freude über die Geburt des Kindes war schließlich so groß, daß der Papst gerade im Reigentanz um die Krippe herum eine Ausartung kirchlicher Frömmigkeit sah und die Krippenspiele verbot. So kam es, daß die Weihnachtskrippe aus der Kirche und dem Gottesdienst auswanderte und in die Familie einzog.

Weihnachten in der Familie

In Oberschlesien und Böhmen kann man geradezu von einer »Krippenkultur« sprechen. Oft werden Zimmer ausgeräumt, um große Krippen aufzubauen. Mit den Krippen wanderten auch die Krippenlieder zur Weihnachtszeit in die Familie. Dabei veränderte sich allerdings auch ihr Inhalt. Es entstanden Lieder, in denen die Menschen ihre weihnachtlichen Gefühle und Empfindungen zum Ausdruck brachten. Das 19. Jahrhundert war besonders fruchtbar im Schaffen solcher

Lieder. Es sei erinnert an: »O Tannenbaum« – »Am Weihnachtsbaume die Lichter brennen« – »Leise rieselt der Schnee« usw. Nun kam die Familie zu ihrem Recht. Sie sang nicht mehr bloß in der Kirche, sondern auch zu Hause im Kreis der Großfamilie. So entstand das geistliche Volkslied, sicher oft an der Grenze zwischen echter Frömmigkeit und gefühlvoller Selbstdarstellung. Es sei hingewiesen auf »Alle Jahre wieder« und »Süßer die Glocken nie klingen«.

Oft kritisiert

Diese sogenannten geistlichen Volkslieder, die eine Mischform von christlichem Glaubensinhalt und menschlicher Gefühlsdarstellung bilden, waren und sind bis heute äußerst beliebt. Manches Gemeindeglied hat seinem Ärger Ausdruck verliehen, wenn in der Christvesper nicht »Stille Nacht...« gesungen wurde, weil der Pfarrer nur hundertprozentig echte Choräle singen lassen wollte. In einer Volkskirche sollte man da wohl Konzessionen machen. Andererseits kann man verstehen, daß mancher an »Schnulzentexten« Anstoß nimmt. In unserer Zeit hat man wenig Sinn für Texte wie »holder Knabe im lockigen Haar«, der »lieb aus seinem göttlichen Mund« lächelt. Dahinter steckt zumeist eine Flucht in die Sentimentalität. Aber braucht ein gehetzter Mensch gelegentlich nicht doch das Sichbekennen zu sentimentalen Gefühlen? Vielleicht braucht er die Erinnerung an das verlorene Paradies der Kindheit, in dem ihm die Welt noch in Ordnung gewesen zu sein schien.

Weihnachten ist keine Droge

Aber es wird zur Droge, wenn das Bibelwort »Das Wort ward Fleisch« nicht mehr die Mitte der Weihnachtsfeiern und der Weihnachtslieder ist, wie es das bis ins 19. Jahrhundert hinein war. Wie zentral waren doch die Weihnachtslieder der Reformation, ob es nun Luthers Lieder sind (das Kinderlied »Vom Himmel hoch« oder »Gelobet seist du, Jesu Christ«) oder die Lieder von Nikolaus Herman und, später, von Paul Gerhardt. Die Säkularisation, die den Blick von Gott auf den Menschen lenkte, hat am stärksten seit dem 19. Jahrhundert das Weihnachtsfest zu einer Sache der Stimmung gemacht. Die große Sängerin Mahalia Jackson sagt: »Ich könnte ohne Weihnachten nicht leben... Weihnachten ist Opium für mich.« Auch Udo Jürgens ging unter die Dichter und Komponisten von Weihnachtsliedern:

»Lichterschein in jedem Fenster,
und ich gehe durch die Stadt;
hochgeschlagen ist mein Kragen,
und ich sehe manchen, der es eilig hat...
Schau in die Augen der Kinder,
leuchten im Kerzenschein,
aber so froh wie die deinen
wird heut' manches Kind nicht sein.«

Da wird die Weihnachtsbotschaft durch sentimentale Gefühlsbeschreibung ersetzt und mit dem Hinweis auf die Kinder, die keinen Grund zur Freude haben, den weihnachtlich Feiernden ein schlechtes Gewissen gemacht. Wo Weihnachten zur Droge wird, ersetzt die

Rückerinnerung an die eigene Kinderzeit, an Glückseligkeit, an Geschenke und Lichterbaum, an den Weihnachtsmann und an das Geschenke bringende »Christkindchen« die eigentliche Weihnachtsbotschaft.

In jüngerer Zeit

Völlig überraschend entstanden gerade in unserem Jahrhundert wieder ganz zentrale Weihnachtslieder. Ihre Dichter sind Rudolf Alexander Schröder, Arno Pötzsch und Jochen Klepper. In seinem »Abendmahlslied zu Weihnachten« löst Klepper die Weihnacht von aller verklärenden Romantik und lauten Fröhlichkeit:

»Die Feier ward zu bunt und heiter,
mit der die Welt dein Fest begeht.
Mach uns doch für die Nacht bereiter,
in der dein Stern am Himmel steht.
Und über deiner Krippen schon
zeig uns dein Kreuz, du Menschensohn.

Herr, daß wir dich so nennen können,
präg unseren Herzen heiß es ein.
Wenn unsere Feste jäh zerrönnen,
muß jeder Tag noch Christtag sein.
Wir preisen dich in Schmerz, Schuld, Not
und loben dich bei Wein und Brot.«

Es macht uns manchmal traurig, wie oberflächlich unsere Wohlstandsgesellschaft Weihnachten feiert. Die Lieder, die zum Christfest in alter und neuer Zeit gedichtet wurden, könnten uns helfen, dieses Fest in seiner ganzen Tiefe und Bedeutung zu erfassen. Dieses Buch, in dem die Entstehungsgeschichte der bekanntesten und wohl auch schönsten Weihnachtslieder und ihr Inhalt dargestellt und ausgebreitet werden, möchte dazu einen Beitrag leisten.

Die Lieder werden im folgenden in der Text- und Melodiefassung wiedergegeben, die das neue Evangelische Gesangbuch (EG) bietet. Sie weicht in einigen Fällen leicht von der Fassung im bisherigen Evangelischen Kirchengesangbuch (EKG) ab. Die Lieder »Stille Nacht«, »O du fröhliche« und »Ihr Kinderlein, kommet« sind neu ins EG aufgenommen; im EKG standen sie nur in einigen landeskirchlichen Anhängen.

Es kommt ein Schiff, geladen…

EG 8 · EKG 4

Es kommt ein Schiff, ge - la - - den bis
an sein' höch-sten Bord, trägt Got-tes Sohn voll
Gna - - den, des Va-ters e-wigs Wort.

1. Es kommt ein Schiff, geladen
bis an sein' höchsten Bord,
trägt Gottes Sohn voll Gnaden,
des Vaters ewigs Wort.

2. Das Schiff geht still im Triebe,
es trägt ein teure Last;
das Segel ist die Liebe,
der Heilig Geist der Mast.

3. Der Anker haft' auf Erden ,
da ist das Schiff am Land.
Das Wort will Fleisch uns werden,
der Sohn ist uns gesandt.

4. Zu Bethlehem geboren
im Stall ein Kindelein,
gibt sich für uns verloren;
gelobet muß es sein.

5. Und wer dies Kind mit Freuden
umfangen, küssen will,
muß vorher mit ihm leiden
groß Pein und Marter viel,

6. danach mit ihm auch sterben
und geistlich auferstehn,
das ewig Leben erben,
wie an ihm ist geschehn.

Text: Daniel Sudermann um 1626
nach einem Marienlied aus Straßburg (Johannes Tauler?) 15. Jh.
Melodie: 15. Jh./geistlich Köln 1608

Man kann darüber streiten, ob dies ein Adventslied, ein Weihnachtslied oder ein Marienlied ist. Im Hintergrund steht ein ganz altes Lied, das in Straßburg entstand und eine lange Geschichte hat. Es wird dem Mystiker Johannes Tauler zugeschrieben, der im 14. Jahrhundert in Straßburg lebte. Ob er selbst es gedichtet hat, ist zwar ungewiß, doch paßt es so gut in seine Gedankenwelt, daß ich bei seinem Namen bleiben möchte. Die älteste Fassung dieses Liedes fand man in einer Handschrift des Jungfrauenklosters zu Inzighofen, um 1470 geschrieben.

Der lutherische Gelehrte Daniel Sudermann entdeckte Taulers Lied während des Dreißigjährigen Krieges. Er war von der Mystik begeistert und diesem Lied daher sofort zugetan. Längst hatte er sich mit dem Mystiker Tauler beschäftigt, seine Predigten studiert, und hatte ein Herz für die innige Frömmigkeit der Mystiker. Für ihn als evangelischen Mann trat der Gedanke, daß es sich um ein Marienlied handeln könnte, völlig zurück. Ihm war wichtig, daß Gott dem Menschen hilft und Maria nur erwählt, um seine Liebe zum Menschen zu zeigen.

Daniel Sudermann war es, der das ursprünglich dreistrophige Lied in die heutige Fassung brachte. Der aus Lüttich stammende Sudermann (1550–1631) war Erzieher im »Brüderhof« in Straßburg. Er kannte Rhein und Hafen, Schiffe und zu löschende Ladung, Segel und Mast. So war es ihm möglich, das Anliegen des Mystikers in eine neue, seiner Gegenwart angepaßte Sprache zu übertragen. Dabei fügte er die Strophen vier bis sechs hinzu. Diese Neufassung nahm er in eine Sammlung seiner Gedichte auf, die 1626 in Straßburg veröffentlicht wurde. Dennoch geriet dieses Lied wieder in Vergessenheit, bis um 1900 der Kirchenliedforscher Friedrich Spitta auf es hinwies, so daß es nun endgültig in unsere Gesangbücher kam.

Die Melodie, deren Komponist nicht bekannt ist, stammt aus dem 15. Jahrhundert. Erstmals gedruckt wurde sie in einem Kölner Gesangbuch aus dem Jahr 1608.

Johannes Tauler

Er war einer der berühmtesten Prediger des Mittelalters und gehörte dem Dominikanerorden in Straßburg an. Er predigte anschaulich und bildhaft, und er predigte in deutscher Sprache, was damals nicht üblich war (die Kirchensprache war Latein). Auch das mag ein Grund gewesen sein, daß Luther ihn hoch schätzte. Er gehörte dem Mystiker-Dreigestirn an: Heinrich Seuse und Meister Eckhart waren die beiden anderen. Von seinem Lebensweg wissen wir sehr wenig. Er wurde um 1300 geboren. Gestorben ist er am 16. Juni 1361 im Gartenhaus des Nonnenklosters St. Claus zu Straßburg, von seiner betagten Schwester treu gepflegt.

Zur Sprache der Mystiker gehören die bildhaften Hinweise auf Gottes Tat in Christus. Alles Irdische und Welthafte wird ihnen zum Gleichnis für Gottes Handeln. Der »logos«-Begriff, übersetzt als »Wort«, wurde zum beherrschenden Thema der Mystiker. Die Mystik ist inspiriert vom Johannesevangelium: »Im Anfang war das Wort... und das Wort ward

Fleisch…« Durch das göttliche Wort wurde die Welt geschaffen: »Gott sprach: es werde… und es ward.« So steht es am Anfang des Alten Testaments. Somit ist das Wort die Verbindung von Gott und Welt. Das Ziel der menschlichen Seele ist ihre Vereinigung mit Gott; daher finden wir im Lied Ausdrücke der Vereinigung: »umarmen« und »küssen«. Nur so werden aus Menschenkindern Gotteskinder. Wer sich um geistliches Leben müht, wird die Erfahrung unmittelbarer Gemeinschaft der Seele mit Gott machen. Solche Erfahrung ist das Gebetsanliegen der Mystiker. Der Weg dahin ist allerdings der Weg des Kreuztragens, des Leidens für Gott, der Selbsterniedrigung und des Sichselbst-Hintanstellens. So geschieht Neugeburt aus Jesu Geist.

Schiffahrtslied

Natürlich gab es auch damals weltliche Schiffahrtslieder. Es ist daher durchaus denkbar, daß Tauler ein solches Schiffahrtslied auf das Kommen Jesu übertrug. Für den Mystiker wurden ja alle Dinge dieser Welt zum Gleichnis für die Ewigkeit. Tauler mag in Straßburg oft am Rheinufer gestanden und gesehen haben, wie Schiffe ankamen, entladen oder beladen wurden und wieder abfuhren. Vielleicht brachten sie köstlichen Wein vom Kaiserstuhl nach Norden oder kostbare Waren, Stoffe, Gewürze – vielleicht auch Gold – nach Straßburg. Wenn das Schiff tief im Wasser lag, dann war es mit schwerer Last beladen; das konnte man schon von ferne sehen. Mit jedem Schiff war ein

Geheimnis verbunden: Worin mag die Ladung beste-
hen? Erst wenn die Ladung gelöscht war, war auch das
Geheimnis des Schiffes und seiner Fracht gelüftet.
Und das geschah im Hafen. Viele Menschen werden
dabei zugeschaut haben.

Evangelium in Symbolsprache

Jenseits aller weihnachtlichen Stimmung, ganz sach-
lich, aber in Symbolsprache berichtet Tauler über das
Ereignis, das zu dem geliebten Fest der Christenheit
wurde – über Weihnachten und den vorauslaufenden
Advent. Er berichtet über das Kommen des Jesus von
Nazareth als Christus und fleischgewordenes Wort
Gottes. In eine sich von Gott lösende Menschheit
schickt Gott das Schiff des Erbarmens, ein Schiff mit
wertvoller Last, mit Mast, Segel und Anker.

»Es kommt ein Schiff...«

Das, was sich zu Weihnachten in Bethlehem ereignete,
wurde von Israel jahrhundertelang erwartet. Es kam
aber nicht durch Israels Handeln, Erwarten, Glauben,
Frömmigkeit oder Ethik. Der Grund für das Kommen
dieses Schiffes liegt außerhalb alles menschlichen Tuns
und Glaubens. »Es kommt«, denn das Heil kommt
von außen, es ist nicht durch uns herbeiführbar. Es
wird hier kein Mensch erwähnt, kein Kapitän, keine
Schiffsmannschaft. Es heißt nur: »Es kommt ein
Schiff...« Woher kommt es? Das wird nur umschrie-

ben. Das Geheimnis des Schiffes will geglaubt werden. Alle Offenbarung ist dem Nichtglaubenden Verhüllung. Das Geheimnis des Woher des Schiffes wird an der Ladung erkannt: »des Vaters ewigs Wort«.

»Das Schiff geht still im Triebe...«

Sobald das Schiff am Horizont auftaucht, kann man feststellen, daß es tief im Wasser liegt, weil es schwer befrachtet ist. Nur mühsam kommt es vorwärts. Man kann wohl sagen: Obwohl der Messias angekündigt war, wurde er gerade zu jener Zeit nicht erwartet. Wie sollte auch eine Volkszählung der Termin sein, an dem der Messias kommt, von dem man jahrhundertelang gesprochen hatte. Und wie konnte man in einer Zeit, als die Römer das Land Palästina besetzt hatten und man nichts sehnlicher erwartete als einen politischen Messias als Befreier von der Römerherrschaft, erwarten, daß Gottes Sohn als Menschenkind kommt. Darum sinkt das Schiff tief ins Wasser: Es hat eine gewichtige Last zu tragen – Gottes Sohn.

Das Schiff ist Maria

Insofern bilden die ersten Verse des Liedes eine Marienhymne. Maria ist das Medium für Gottes Gnade, sie wird von Gott benutzt, damit das Kind in Bethlehem geboren wird. So kommt es zur Erfüllung der Prophetie Micha 5: »Und du, Behtlehem..., aus dir soll mir der kommen, der in Israel Herr sei.«

Mast und Segel

Tauler vergleicht den Mast mit dem heiligen Geist. Hier ist das Glaubensbekenntnis umschrieben: »...empfangen durch den heiligen Geist« oder Bezug genommen auf die Ankündigung an Maria durch den Engel, von der das Lukasevangelium erzählt. Der heilige Geist ist nicht der Geist von unten, sondern von oben. Der heilige Geist ist es, der die Richtung der Schiffahrt bestimmt. Das geblähte Segel treibt das Schiff vorwärts. Das Segel ist von Gottes Liebe gebläht. Weil Gott die Welt liebt, kommt das Schiff zu ihr. Das geblähte Segel ist der Motor.

Anker

»Der Anker haft auf Erden« – das Schiff hat ein Ziel. Ein Hafen wird von unsichtbarer Hand angesteuert. Bethlehem – mitten im Land – ist dieser Hafen. Dahin soll die teure Last gebracht werden. Gemeint ist aber nicht nur das Bethlehem von damals. Es heißt ja nicht »Es ist ein Schiff gekommen«, sondern »Es kommt ein Schiff«. Gottes Ankunft geschieht heute. Wir brauchen diesem Schiff nicht entgegenzuschwimmen oder -zurudern – es kommt zu uns.

Die Ladung wird gelöscht

Lukas schreibt: »Und sie gebar ihren ersten Sohn...« In der vierten Strophe kann nun das Geheimnis der

Ladung des Schiffes gelüftet werden: »Zu Bethlehem geboren im Stall ein Kindelein…« Nun sind wir mitten in der Weihnachtsbotschaft. Vom Schiff ist nicht mehr die Rede. Das Lob gilt nun dem Neugeborenen: »Gelobet muß es sein.« Paulus schreibt an die Galater: »Geboren von einem Weibe…« Wahrscheinlich kannte er den Namen der Mutter Jesu nicht. Wer fragte wohl in Straßburg nach dem Namen eines Schiffes, das köstliche Gewürze zum Hafen brachte? Wenn die Ladung gelöscht ist, erlischt das Interesse am Schiff; dann interessiert man sich nur noch für die Ladung: »Gelobet muß es sein!«

Das Kind bleibt kein Kind

Alle weihnachtliche Spielerei mit dem »Christkindchen« sollten wir vergessen. Das Kind blieb nicht in den Windeln – wir können nicht dauernd mit ihm spielen, geschweige denn »Hoppe, hoppe Reiter« machen. Aus dem Kind wurde der gekreuzigte Herr. Albrecht Dürer malte die Windeln des Kindes noch einmal: als Lendentuch des Gekreuzigten. Christus »gibt sich für uns verloren…« Tauler spricht von Golgatha. Jesus ließ sich zwischen den Mühlsteinen von Jerusalem und Rom zerreiben, um die Sünder dieser Welt zu retten. Tauler löst das Weihnachtsereignis nicht von dem ganzen Christusgeschehen. Weihnachten und Karfreitag und Ostern gehören zusammen.

»Und wer dies Kind umfangen will...«

»...muß mit ihm sterben und geistlich auferstehn.«
Martin Luther schätzte den Mystiker Johannes Tauler
so sehr, weil er Jesu Leiden und Kreuz als das große
Christusgeheimnis erkannte und besang. Im Taufwas-
ser vollzieht sich das »sterben und geistlich auferstehn«. Der Mystiker kann sich direkt auf Paulus bezie-
hen, der im Römerbrief schreibt (im 6. Kapitel): »Sind
wir mit Christus begraben durch die Taufe in den Tod,
...so werden wir in einem neuen Leben wandeln.«
Nachfolge Jesu heißt: sich selbst hintansetzen – in Jesu
Tod hinein glauben – mit zerbrochenem Brot und ver-
gossenem roten Wein seinen Tod als Erlösungsange-
bot Gottes entgegennehmen, und dann schließlich
»das ewig Leben erben«. Hier ist der Mystiker in seinem Element: »Wer dies Kind mit Freuden umfangen,
küssen will, muß vorher mit ihm leiden groß Pein und
Marter viel.« Zum Christsein gehört nicht nur die
Freude über die Geburt des Kindes in Bethlehem, sondern auch das Bekenntnis zum Bergprediger, zum Gekreuzigten und Auferstandenen. Und dieses Bekennen kann in der Welt mit Nachteilen, sogar mit Marty-
rium, verbunden sein. Christus will nicht nur gefeiert
werden, er will, daß wir ihn in der Welt bekennen.

Weihnachtslied

Sah es am Anfang so aus, als hätte Tauler ein Marien-
oder Adventslied gedichtet, so wird in den letzten Strophen ganz deutlich: Es ist ein Weihnachtslied, das Ad-

vent und Karfreitag einbezieht. Das Schiff ist Maria, denn sie trägt das Kind als teure Last unter ihrem Herzen. Im Lob aber geht es nur um den, der als Kind zur Welt kam: Er allein soll zur Weihnacht – und auch sonst – besungen werden. Das ist der Sinn des Christfestes.

Vom Himmel hoch, da komm ich her

EG 24 · EKG 16

»Vom Him - mel hoch, da komm ich her,

ich bring euch gu - te neu - e Mär;

der gu - ten Mär bring ich so viel,

da - von ich singn und sa - gen will.

* ✳ *

1. »Vom Himmel hoch, da komm ich her,
ich bring euch gute neue Mär;
der guten Mär bring ich so viel,
davon ich singn und sagen will.

2. Euch ist ein Kindlein heut geborn
von einer Jungfrau auserkorn.
Ein Kindelein so zart und fein,
das soll eu'r Freud und Wonne sein.

3. Es ist der Herr Christ, unser Gott,
der will euch führn aus aller Not,
er will eu'r Heiland selber sein,
von allen Sünden machen rein.

4. Er bringt euch alle Seligkeit,
die Gott der Vater hat bereit',
daß ihr mit uns im Himmelreich
sollt leben nun und ewiglich.

5. So merket nun das Zeichen recht:
die Krippe, Windelein so schlecht,
da findet ihr das Kind gelegt,
das alle Welt erhält und trägt.«

6. Des laßt uns alle fröhlich sein
und mit den Hirten gehn hinein,
zu sehn, was Gott uns hat beschert,
mit seinem lieben Sohn verehrt.

7. Merk auf, mein Herz, und sieh dorthin;
was liegt doch in dem Krippelein?
Wes ist das schöne Kindelein?
Es ist das liebe Jesulein.

8. Sei mir willkommen, edler Gast!
Den Sünder nicht verschmähet hast
und kommst ins Elend her zu mir:
wie soll ich immer danken dir?

9. Ach Herr, du Schöpfer aller Ding,
wie bist du worden so gering,
daß du da liegst auf dürrem Gras,
davon ein Rind und Esel aß!

10. Und wär die Welt vielmal so weit,
von Edelstein und Gold bereit',
so wär sie doch dir viel zu klein,
zu sein ein enges Wiegelein.

11. Der Sammet und die Seiden dein,
das ist grob Heu und Windelein,
darauf du König groß und reich
herprangst, als wär's dein Himmelreich.

12. Das hat also gefallen dir,
die Wahrheit anzuzeigen mir,
wie aller Welt Macht, Ehr und Gut
vor dir nichts gilt, nichts hilft noch tut.

13. Ach mein herzliebes Jesulein,
mach dir ein rein sanft Bettelein,
zu ruhen in meins Herzens Schrein,
daß ich nimmer vergesse dein.

14. Davon ich allzeit fröhlich sei,
zu springen, singen immer frei
das rechte Susaninne* schön,
mit Herzenslust den süßen Ton.   *Wiegenlied

15. Lob, Ehr sei Gott im höchsten Thron,
der uns schenkt seinen ein'gen Sohn.
Des freuet sich der Engel Schar
und singet uns solch neues Jahr.

Text: Martin Luther 1535
Melodie: Martin Luther 1539

Die Vorstellung, daß Martin Luther mit seiner Frau Käthe und den Kindern unter dem mit brennenden Lichtern geschmückten Weihnachtsbaum gesessen hat, entspricht nicht der Wirklichkeit. Der Weihnachtsbaum hielt erst viel später seinen Einzug in die Wohnstube der Christen. Man feierte damals, im 16. Jahrhundert, auch noch nicht wie heute bereits am Heiligen Abend, sondern erst am ersten Feiertag. Luther wußte, daß das Liedgut ein Weg der Verkündigung ist. Darum schuf er zu allen christlichen Festen Lieder, in denen das Anliegen des jeweiligen Festes zum Ausdruck kommt. 36 Lieder hat er der Christenheit geschenkt; am bekanntesten wurde wohl sein Kinderlied: »Vom Himmel hoch, da komm ich her…«

Luthers Liebe zur Musik

Für einen Studenten des ausgehenden Mittelalters war es selbstverständlich, daß er ein Instrument spielen und komponieren konnte. Das gehörte zur Allgemeinbildung. Schon als Jurastudent spielte Luther auf der Laute. So nimmt es nicht wunder, daß er später als Familienvater ein Kinderlied zur Weihnacht dichtete und komponierte. Bei seinem Eintritt ins Augustiner-Eremiten-Kloster zu Erfurt mußte er sich schweren Herzens von seiner Laute trennen.

Luther hatte festgestellt, daß sich die Gemeinde außer bei etlichen Responsorien im Meßgottesdienst still verhielt, während die Kleriker den Kirchengesang für sich reserviert hatten. Er erkannte, daß die Gemeinde im Singen ihre Lebendigkeit bezeugen kann und somit durch ihr Singen an der Gestaltung des Gottesdienstes teilhaben soll. Er ersetzte deshalb bei der Reformation der Gotttesdienstordnung den lateinischen Klerikergesang durch Gemeindelieder, die zugleich volkstümlich und aussagekräftig sein sollten. So erklärt sich sein Engagement für das von der Gemeinde zu singende Lied.

Wittenberg damals

Der Wittenberger Marktplatz, an dem das Rathaus im Renaissancestil steht – schräg gegenüber die Apotheke von Lucas Cranach, auf der Ostseite durch die Stadtkirche mit ihren zwei wuchtigen Türmen begrenzt –, war der Treffpunkt der Wittenberger. Die Stadt war damals klein, sie hatte 6000 Einwohner, aber auch ein Schloß, eine Universität, die in dem leergewordenen »Schwarzen Kloster« untergebracht war. Regelmäßig zogen die Märkte durchs Land. Händler boten ihre Waren an, Gaukler führten Kunststücke auf und erbaten dafür kleine Geldgaben. Vom Planwagen herab erscholl fröhlicher Gesang. Im Stil der Moritatensänger verkündeten die Straßensänger die neuesten Nachrichten aus aller Welt. Ihren oft mit Musikinstrumenten begleiteten Vortrag begannen sie mit dem Ruf: »Ich komm aus fernen Landen und bring euch neue Mär...« Und dann berichteten sie vom großen Weltgeschehen, von Königsthronen, von Kriegen und Seuchen, von der Pest und anderen Dingen, die die Gemüter erfreuten oder aufregten und wofür sie ihren Geldbeutel auch öffneten. Vielleicht hat dieser Anfang eines Moritatensängers Luther, als er wieder einmal über den Marktplatz ging, veranlaßt, sein Kinderlied so zu beginnen: »Ich bring euch gute, neue Mär.«

Reigentanz

Es gibt noch eine andere Erklärung für die Entstehung des Kinderliedes. Der Mystiker Heinrich Seuse berichtet von einem Reigentanz junger Leute an schönen Juli-Abenden. Man hatte einen großen Kürbis ausgehöhlt, Löcher hineingeschnitten und eine Kerze darin brennen lassen. Seuse erzählt, daß in dieser romantischen Stimmung einer der jungen Männer ausrief: »Ich komm aus fremdem Lande her« und dann fragte, welche der anwesenden Jungfrauen die schönste Blume sei. Die Festlichkeit im Kerzenschein des ausgehöhlten Kürbis endete dann in einem Reigentanz der jungen Leute. Vielleicht hat Luther sich daran erinnert und den jungen Fragesteller in den Engel von Bethlehem verwandelt, der dann fragt: »Wer ist das schöne Kindelein?« Dafür spricht jedenfalls die Tatsache, daß Luther seinem Kinderlied zunächst – also 1535, als er den Text schrieb – als Melodie den »Reigentanz« gab, wie er ihn beim »Rätselreigen« der jungen Leute gehört hatte. Erst 1539 schuf er eine eigene Melodie zu diesem Lied, die wir heute singen.

Reigentanz und Kranzlied

Den Reigentanz mit dem Kranzlied hatte der Lateinschüler schon in Eisenach kennengelernt. Ob er bei

der Dichtung seines Kinderliedes daran dachte, wissen
wir nicht. Aber der Gedanke liegt nahe. Der fahrende
Sänger stimmte jeweils an:

Ich komm aus fernen Landen her
und bring euch viel der neuen Mär,
der neuen Mär bring ich so viel,
mehr, denn ich euch hier sagen will.

Die fremden Land, die sind so weit,
darin wächst uns gut Sommerzeit,
drin wachsen Blümlein rot und weiß,
die brechen Jungfrau'n mit ganzem Fleiß

und machen daraus einen Kranz
und tragen ihn zum Abendtanz
und lassen die Gesellen darum singen
bis einer tut das Kränzlein gewinnen.

Das war das nette Sommerspiel: Mädchen setzten sich
Blumenkränze ins Haar, und Jungen mußten sich die
Kränze ersingen, indem sie die Fragen der Mädchen be-
antworteten. Wir kennen solche Frage- und Antwort-
Spiele aus jener Zeit. Die Mädchen fragten: Wer ist hö-
her außer Gott? Antwort der Buben: Die Kron ist hö-
her – außer Gott. Die zweite Frage der Mädchen: Was
ist größer denn der Spott? Antwort der Buben: Die
Schand ist größer denn der Spott – usw. Nach diesem
Schema des Frage-Antwort-Spiels ist das weihnachtliche Kinderlied aufgebaut.

Lied im Rollenspiel

Ganz dramatisch wird die Weihnachtsgeschichte dargeboten. Der Engel tritt auf und verkündet in den ersten fünf Strophen die weihnachtliche Botschaft. Strophe 6 stellt eine Frage. Strophe 7 gibt die Antwort. Die Strophen 8 bis 14 sind kindliche Anbetung. Die 15. Strophe schließt den Lobpreis ab. Man hat auch gemeint, daß hinter der Anzahl der Strophen eine bestimmte Symbolhaftigkeit stecke: Die 14 Strophen nach dem Ankündigungsruf könnten ein Hinweis auf die 14 Nothelfer sein. Zweifellos hat Luther bei der Dichtung an das »Kindelwiegen« gedacht. Das »Kindelwiegen« in der Kirche war eine Sitte, die bis ins 19. Jahrhundert hinein geübt wurde; Mütter wollten, wie daheim nun auch, dem Kind von Bethlehem die Liebe des »Kindelwiegens« erweisen. Sie schaukelten in der Kirche die Wiege mit dem Kind und nahmen es auch auf den Arm und sangen dazu Wiegenlieder. So entstand das Rollenspiel: Eine Frau nahm das Kind auf den Arm, wiegte es und sang: »Joseph, lieber Joseph mein, hilf mir wiegen mein Kindelein« – dann trat ein Mann hinzu, der den Joseph darstellte, und antwortete: »Gerne, liebe Muhme mein, helf ich dir wiegen dein Kindelein.« So entstanden wohl die Weihnachtsspiele, die sich bis in die Gegenwart zumindest bei den Kindern großer Beliebtheit erfreuen. Luther übernahm dieses Rollenspiel: Die einzelnen Strophen wurden auf die Familienmitglieder aufgeteilt. Ein Kind war dann der Engel und sang Strophe 1 bis 5. Die ganze Familie antwortete mit Strophe 6. Einzeln dann in der Reihenfolge des Alters trugen sie die Strophen 7 bis 12 vor. Die 13. Strophe sangen alle zusammen. Bei der letzten Strophe faßten sich alle an den Händen und schritten im Reigen um die Krippe herum.

Im Stil nicht engherzig

Man sollte bedenken, daß damals die meisten Menschen Analphabeten waren. Die weihnachtliche Botschaft mußte daher in leichter Erlernbarkeit angeboten werden. Zum anderen: Luther schuf bewußt ein Kinderlied – zunächst eigentlich nur für die eigene Familie. Natürlich kann man vom heutigen Geschmack her Bedenken anmelden gegen Verse wie:

Merk auf, mein Herz, und sieh dorthin;
was liegt doch in dem Krippelein?
Wes ist das schöne Kindelein?
Es ist das liebe Jesulein.

Man sollte aber auch die zentrale Aussage beachten:

Sei mir willkommen, edler Gast!
Den Sünder nicht verschmähet hast
und kommst ins Elend her zu mir;
wie soll ich immer danken dir?

Wie aussagekräftig Luther die Weihnachtsbotschaft besingen konnte, zeigt er in seinem Lied »Gelobet seist du, Jesu Christ«:

Den aller Welt Kreis nie beschloß,
der liegt in Marien Schoß;
er ist ein Kindlein worden klein,
der alle Ding erhält allein. Kyrieleis.

So mag es zugegangen sein

Die ersten fünf Strophen waren dem Engel zugedacht und wurden von Luthers Lenchen übernommen (wie beim Kränzesingen). Die Jungen Hans, Paul und Martin gaben die Antwort auf die Botschaft des Engels – wie einst die Hirten des Feldes, die da sagten: Laßt uns nun gehen nach Bethlehem und die Geschichte sehen, die uns der Engel kundgetan hat. Luther machte daraus:

Des laßt uns alle fröhlich sein
und mit den Hirten gehn hinein,
zu sehn, was Gott uns hat beschert,
mit seinem lieben Sohn verehrt.

Das Frage-Antwort-Spiel geht weiter. Frage der Mädchen: »Was liegt doch in dem Krippelein? Wes ist das schöne Kindelein?« Antwort der Jungen: »Es ist das liebe Jesulein« usw. Am Ende sprechen und beten die Kinder gemeinsam:

Ach mein herzliebes Jesulein,
mach dir ein rein sanft Bettelein,
zu ruhen in meins Herzens Schrein,
daß ich nimmer vergesse dein.

Dann wird das Lied zur »Susaninne« (Wiegenlied) im Stil von: Schlaf, mein Kind, schlaf ein.

Davon ich allzeit fröhlich sei,
zu springen, singen immer frei
das rechte Susaninne schön,
mit Herzenslust den süßen Ton.

Die Schar der Kinder soll wissen, daß nicht nur sie sich über die Geburt zu Bethlehem freuen, sondern auch die Eltern und die Erwachsenen; ja sogar die Engel im Himmel jubilieren und vereinigen sich mit den Menschen im Gotteslob:

Lob, Ehr sei Gott im höchsten Thron,
der uns schenkt seinen ein'gen Sohn.
Des freuet sich der Engel Schar
und singet uns solch neues Jahr.

Christfest 1535

Der Landesfürst Friedrich der Weise hatte dem Professor der Heiligen Schrift Martin Luther eine Wohnung im leerstehenden »Schwarzen Kloster« der Augustiner-Eremiten angewiesen. Zugleich war dieses Kloster auch Universitätsgebäude mit Vorlesungssälen. Das Wohnzimmer der Familie Luther ist noch erhalten – jedenfalls die Eckbank, der Tisch und der Ofen. Die Holzverschalung des Raumes an den Wänden und der Decke ist ebenfalls noch erhalten geblieben. In der Fensternische befand sich der Sitzplatz für Frau Käthe, wo sie die notwendigen Näh- und Flickarbeiten verrichtete.

Am Abend vor dem Christfest 1535 dichtete Luther sein Kinderlied, um damit am Morgen des Christfestes die Familie zu überraschen. Seit sechs Tagen war sein jüngstes Kind auf der Welt. Am Morgen des Weihnachtstages wird Frau Käthe wohl zum erstenmal aufgestanden sein, um mit der feiernden Familie zusammen zu sein. Luther hatte schwere Jahre hinter sich mit Glaubenskämpfen, mit Bilderstürmerei in Wittenberg – aber ein Jahr zuvor war die Übersetzung des Alten Testaments in die deutsche Sprache fertig geworden (auf der Wartburg hatte er bereits das Neue Testament übersetzt), nun lag die gesamte Bibel in deutscher Sprache vor, wurde gedruckt und konnte gelesen werden. An diesem ersten Christtag predigte Luther in der Stadtkirche – vorher aber in aller Frühe wurden die Kinder beschert mit Äpfeln, Nüssen und kleinen Leckereien. Das war dann der Augenblick, in dem Luther sein Kinderlied zur Laute anstimmte: »Vom Himmel hoch, da komm ich her, ich bring euch gute neue Mär…«

Geburt des Heilandes

Luther übersetzte schon die Weihnachtsgeschichte des Lukas so, daß er da, wo es wörtlich übersetzt heißen müßte: »Euch ist heute der *Retter* (griechisch: soter) geboren«, ein anderes Wort wählte: »Euch ist heute der *Heiland* geboren…« Er übernahm dieses Wort von dem unbekannten sächsischen Dichter, der im 9. Jahrhundert eine umfangreiche Versdichtung über das Leben Jesu geschaffen hat mit dem Titel »Heliand«. Wo im griechischen Text »soter« = Retter steht und in der lateinischen Vulgata des Hieronymus »salvator«, da übernimmt Luther aus dem »Heliand« das Wort Heiland und faßt darin das gesamte Wirken Jesu zusammen: retten und heilen. So nun auch hier in der dritten Strophe: »Er will eur Heiland selber sein…«

Beliebtestes Kinderlied

»Vom Himmel hoch« wurde zum volkstümlichsten Weihnachts-Kinderlied – wohl gerade wegen der »naiven« Einfachheit. Es mag auch nicht unwesentlich gewesen sein, daß Luther hier alte Traditionen aufnahm: die des fahrenden Sängers, dann des Reigentanzes und schließlich des Kindel-Wiegens. Luther schuf sehr bald (1539) eine neue Melodie, die dem Text gemäßer war: Sie beginnt mit dem hellen hohen Ton und springt dann nach tief unten – man möchte fast meinen: zu den erschrockenen Hirten auf dem Felde. Jedenfalls ist auf diese Weise die Weihnachtsbotschaft in die Familien gekommen: Konnten viele auch nicht lesen, so doch singen; und Luthers schlichte Strophen waren rasch auswendig gelernt.

Weihnachtspredigt

In seiner Weihnachtspredigt, die Luther am 1. Christtag 1535 in der Wittenberger Stadtkirche hielt, sagte er: »...ich kenne keinen größeren Trost, der dem Menschen gegeben wäre, als daß Christus ein Mensch, ein Kind, ein Säugling wurde, der im Schoß der lieblichsten Mutter spielt und an ihrer Brust liegt. Wen gibt es, den dieser Anblick nicht ergriffe und tröstete? Nun ist die Macht der Sünde, der Hölle, des Gewissens und der Schuld überwunden, wenn du zu diesem spielenden Kinde kommst und glaubst, daß es gekommen ist, nicht zu richten, sondern zu retten.«

Es ist ein Ros entsprungen

EG 30 · EKG 23

Es ist ein Ros ent - sprun-gen
wie uns die Al - ten sun - gen,

aus ei - ner Wur-zel zart,
von Jes - se kam die Art

und hat ein

Blüm - lein bracht   mit - ten im kal-ten

Win - ter wohl zu der hal-ben Nacht.

* ✳ *

1. Es ist ein Ros entsprungen
aus einer Wurzel zart,
wie uns die Alten sungen,
von Jesse kam die Art
und hat ein Blümlein bracht
mitten im kalten Winter
wohl zu der halben Nacht.

2. Das Blümlein, das ich meine,
davon Jesaja sagt,
hat uns gebracht alleine
Marie, die reine Magd;
aus Gottes ewgem Rat
hat sie ein Kind geboren,
welches uns selig macht.

3. Das Blümelein so kleine,
das duftet uns so süß;
mit seinem hellen Scheine
vertreibt's die Finsternis.
Wahr' Mensch und wahrer Gott,
hilft uns aus allem Leide,
rettet von Sünd' und Tod.

4. O Jesu, bis zum Scheiden
aus diesem Jammertal
laß dein Hilf uns geleiten
hin in den Freudensaal,
in deines Vaters Reich,
da wir dich ewig loben;
o Gott, uns das verleih!

Text: Strophe 1–2 Trier 1587/1588;
Strophe 3–4 bei Fridrich Layriz 1844
Melodie: 16. Jh./Köln 1599

Von einem jungen Mönch, Laurentius, der in einem Kloster unweit von Trier über dem Moseltal den Pförtnerdienst tat und des Orgelspiels kundig war, wird erzählt, daß er zu Weihnachten am verschneiten Klosterbrunnen einen frischen Trieb des alten Rosenstocks erblickte, an dem eine Rose erblüht war – und das mitten im Schnee. In aller Frühe schon hatte er die Pilger, die alljährlich zur Christmette kamen, erwartet und nun geschwind die Rose unter das Marienbild des Altars gelegt und war erfreut, als bei dieser Mette der Jesajatext verlesen wurde: »Es wird ein Reis hervorgehen aus dem Stamm Isais…« In seine Klosterzelle zurückgekehrt, habe er dann das Lied »Es ist ein Ros entsprungen…« mit vielen Strophen gedichtet und auf der Orgelbank die Melodie dazu geschaffen. Ob die Legende nur als Ausschmückung anzusehen ist oder einen historischen Hintergrund hat, vermögen wir heute nicht zu entscheiden. Wir wissen lediglich, daß es im Mittelalter ein Marienlied gab, das mehr als 20 Strophen hatte.

Das Rosenkreuz

In der Erfurter Barfüßerkirche wurde zur Advents- und Weihnachtszeit das silberne Altarkreuz gegen ein Rosenkreuz ausgetauscht. Papierblüten, als Rosen gestaltet, wurden von hinten beleuchtet und gaben ein warmes Licht in den riesigen gotischen Kirchenraum. Der Stifter dieses Rosenkreuzes hat zweifellos an das Weihnachtslied gedacht: »Es ist ein Ros entsprungen…«

Michael Prätorius

Neun Jahre vor Beginn des Dreißigjährigen Krieges (1609) kam dieses Lied in ein evangelisches Gesangbuch, allerdings nur die beiden ersten Strophen – die dritte und vierte Strophe entstand erst im 19. Jahrhundert. Beim Überwechseln von der mittelalterlichen zur evangelischen Kirche gingen mehr als zwanzig Strophen verloren. In den evangelischen Kirchengesang hat es Michael Prätorius eingeführt, der ein neunbändiges Sammelwerk mit 1244 Chorälen hinterließ, worunter sich auch dieses Weihnachtslied befand. Heute finden wir es in den Gesangbüchern beider Konfessionen.

Michael Prätorius, ein Pfarrerssohn, dessen Vater nach der Mode der Zeit seinen Namen „Schultheiß" zu Prätorius latinisierte, wurde am 15. Februar 1572 in Creuzburg bei Eisenach geboren und starb an seinem 50. Geburtstag in Wolfenbüttel. Er unterzeichnete gern mit dem Monogramm „MPC" – Michael Prätorius Creuzburgensis – und deutete dies als: Mihi Patria Coelum = der Himmel ist mein Vaterland. Er war einer der bedeutendsten Musikschriftsteller seiner Zeit, hatte Theologie und Philosophie studiert, war als Organist Autodidakt und komponierte und sammelte Lieder und Choräle – eben auch das Weihnachtslied: »Es ist ein Ros entsprungen…« Zu ihm schrieb er einen vierstimmigen Satz, der von vielen Kirchenchören noch heute gern gesungen wird und nun auch in das neue Evangelische Gesangbuch aufgenommen wurde. Die schöne, volksliedhaft einfache Melodie verhalf dem Lied zu der Volkstümlichkeit, die es nun hat.

Drei Quellen

Hinter der Entstehung dieses Liedes stehen drei Momente: die Verehrung der Rose im westlichen Europa, die Marienverehrung im Mittelalter und der Text des Propheten Jesaja. Diese drei Quellen finden in dem Weihnachtslied zusammen.

Die Rose mußte einen langen Weg zurücklegen. Sie kam aus der Welt Asiens und fand erst im Mittelalter in die europäischen Gärten. Aber hier erfreute sie sich bald sehr großer Beliebtheit. Man pries ihre Schönheit und ihren Duft. Man sah in ihr ein Sinnbild der Liebe. Die Rose fand daher auch bald Aufnahme in die mittelalterlichen Minnelieder – man meinte die geliebte und begehrte Frau, wenn man von der Rose sang. Dieser Verschlüsselung bediente sich später auch Goethe, als er das Lied vom »Heideröslein« dichtete.

Im Mittelalter schon übertrug man das Bild der Rose auf Maria, die Mutter Jesu. So wie man in der Rose die Königin der Blumen sah, so verehrte man Maria als die lieblichste aller Frauen und als Himmelskönigin. Die Maler zeigten Maria im Rosenhag. Die Lilie der Reinheit und die Rose der Freude und Liebe waren symbolhafte Beigaben auf den Kunstwerken, auf denen Maria dargestellt wurde.

Beim Propheten Jesaja lesen wir im 11. Kapitel: »Es wird ein Reis hervorgehen aus dem Stamm Isais und ein Zweig aus seiner Wurzel Frucht bringen.« Und im 53. Kapitel steht: »Er (der Knecht Gottes) schoß auf vor ihm wie ein Reis und wie eine Wurzel aus dürrem Erdreich.« Die erste Bezeugung dieser Ankündigung ist mehr als zweieinhalbtausend Jahre alt. Jesaja lebte um 800 vor Christus. Da wurde schon der kommende Heiland als der »Gott mit uns« (= Immanuel) angekündigt.

So entstand das Lied vom Rosenstrauch

Die Wurzel ist »Jesse«. Im Lied heißt es: »Von Jesse kam die Art.« Jesse, das ist der alte Isai in Bethlehem. Sein Sohn war der Großkönig David, und der Enkel Isais war der Tempelbauer und Philosoph auf dem Thron, Salomo. Das war eine stolze Zeit für Israel. Aber diese Zeit war längst vorbei. Aus dieser Wurzel war kein frühlingshafter Trieb mehr zu erwarten. Bedeutende, aber mehr unbedeutende Könige folgten den beiden Großen. Herodes entstammte nicht diesem Geschlecht und war auch nur ein Scheinkönig von Roms Gnaden, ansonsten Edomiter. Diesem immer bedeutungsloser werdenden Geschlecht Isais entstammte schließlich der kleine Handwerker Joseph, der in Nazareth lebte.

Wer in die Nähe des Odenwaldstädtchens Amorbach kommt, findet unweit davon eine Kapelle namens Amorsbrunn. Hier soll Pirmin mit der Missionierung der Odenwaldbevölkerung begonnen haben. Nach seinem Schüler Amor, der Abt des Klosters war, wurde dann das Städtchen »Amorbach« benannt. Die Kapelle von Amorsbrunn, die, so erzählt man, von unfruchtbaren Frauen, die sich Kinder wünschen, aufgesucht wird, besitzt einen hochinteressanten Altar: Da ist der liegende Stammvater Isai dargestellt – aus seiner Brust wächst ein Baum, ein Rosenbaum, mit den Vorfahren

Jesu, auch den Großeltern mütterlicherseits: Joachim und Anna. Auf einem Zweig steht Maria im Strahlenglanz mit dem Kind auf dem Arm. Hier ist die Ankündigung des Jesaja zu einem Altarbild gestaltet. Interessant dabei ist, daß hier schon aus »Reis« »Ros« wurde. Dieses Reis, der Wurzel entspringend, ist Maria; sie bringt dann die Rose: »...und hat ein Blümlein bracht.«

Über Israel und Juda ist Gottes Gericht hereingebrochen. Der Baum von einst ist gefällt. Jesaja nennt den Kommenden nicht einfach »Davidide« oder »Davidssohn«, sondern er greift auf den Stammvater zurück, auf Isai, »von Jesse kam die Art«. Der angekündigte Messias ist nicht eine unmittelbare Fortsetzung des Königshauses. Das Heil kommt erst nach dem Gericht über dieses Königshaus. Der alte Isai war Hirte – und Hirten waren auch die ersten, die das Kind anbeteten. Als Jesus 30 Jahre alt war, sagte er: »Ich bin der gute Hirte.« Das sollte ein ganz anderes Königtum werden. Sein Weg führte ihn nicht zum herodianischen Thron – am Kreuz von Golgatha fand seine Erhöhung statt.

Es geht um die Frucht

Jesaja, aber auch das Lied, spricht von der Frucht. Jesaja spricht in paradiesischen Bildern, dazu gehören Gerechtigkeit und Frieden. Im Lied hießt es: Er wird die Finsternis vertreiben – »hilft uns aus allem Leide, rettet von Sünd und Tod«. Gott ist kein Romantiker, der nur an der Blüte seine Freude hätte – ihm geht es um die Früchte. Es ging Gott um die Frucht aus dem Leben und Sterben Jesu von Nazareth. Es geht ihm auch um die Frucht, die das weihnachtliche Geschehen in Bethlehem bei uns bewirken soll. Bethlehem heißt verdeutscht Haus-Brot, also Brothausen, weil dort Israels »Kornkammer« ist. Der von dort herkommt, bietet sich an als das »Brot der Welt«: Er brach für uns das Brot des Lebens. Wir feiern Weihnachten ja nicht seiner Schönheit wegen (was ist übrigens »schön« an einer Geburt im Viehstall?), sondern wegen der Frucht, die diese Rose gebracht hat: Rettung »von Sünd und Tod«.

Ähnliches Lied

Clemens von Brentano und Achim von Arnim haben, in die Fußstapfen Herders tretend, alte deutsche Volkslieder gesammelt und diese Sammlung »Des Knaben Wunderhorn« genannt und dem deutschen Volk wunderschöne, volkstümliche Poesie erhalten. Darin finden wir ein ganz ähnliches Lied: »Die mystische Wurzel«:

Von Jesse kommt ein Wurzel zart,
daraus ein Zweig von Wunderart,
der Zweig ein schönes Röslein bringt,
das wunderlich vom Zweig entspringt.

Die Wurzel der Stamm David ist,
Maria, du das Zweiglein bist,
dein Sohn, die Blum', die schöne Ros'
ist Gott und Mensch in deinem Schoß...

Ich steh an deiner Krippen hier

EG 37 · EKG 28

Ich steh an dei-ner Krip-pen hier; o
ich kom-me, bring und schen-ke dir; was

Je-su, du mein Le-ben;
du mir hast ge-ge-ben.

Nimm hin, es ist mein

Geist und Sinn, Herz, Seel und Mut, nimm al-les

hin und laß dir's wohl-ge--fal-len.

1. Ich steh an deiner Krippen hier,
o Jesu, du mein Leben;
Ich komme, bring und schenke dir,
was du mir hast gegeben.
Nimm hin, es ist mein Geist und Sinn,
Herz, Seel und Mut, nimm alles hin
und laß dir's wohlgefallen.

2. Da ich noch nicht geboren war,
da bist du mir geboren
und hast mich dir zu eigen gar,
eh ich dich kannt, erkoren.
Eh ich durch deine Hand gemacht,
da hast du schon bei dir bedacht,
wie du mein wolltest werden.

3. Ich lag in tiefster Todesnacht,
du warest meine Sonne,
die Sonne, die mir zugebracht
Licht, Leben, Freud und Wonne.
O Sonne, die das werte Licht
des Glaubens in mir zugericht',
wie schön sind deine Strahlen!

4. Ich sehe dich mit Freuden an
und kann mich nicht satt sehen;
und weil ich nun nichts weiter kann,
bleib ich anbetend stehen.
O daß mein Sinn ein Abgrund wär
und meine Seel ein weites Meer,
daß ich dich möchte fassen!

5. Wann oft mein Herz im Leibe weint
und keinen Trost kann finden,
rufst du mir zu: »Ich bin dein Freund,
ein Tilger deiner Sünden.
Was trauerst du, o Bruder mein?
Du sollst ja guter Dinge sein,
ich zahle deine Schulden.«

6. O daß doch so ein lieber Stern
soll in der Krippen liegen!
Für edle Kinder großer Herrn
gehören güldne Wiegen.
Ach Heu und Stroh ist viel zu schlecht,
Samt, Seide, Purpur wären recht,
dies Kindlein drauf zu legen!

7. Nehmt weg das Stroh, nehmt weg das Heu,
ich will mir Blumen holen,
daß meines Heilands Lager sei
auf lieblichen Violen;
mit Rosen, Nelken, Rosmarin
aus schönen Gärten will ich ihn
von oben her bestreuen.

8. Du fragest nicht nach Lust der Welt
noch nach des Leibes Freuden;
du hast dich bei uns eingestellt,
an unsrer Statt zu leiden,
suchst meiner Seele Herrlichhkeit
durch Elend und Armseligkeit;
das will ich dir nicht wehren.

9. Eins aber, hoff ich, wirst du mir,
mein Heiland, nicht versagen:
daß ich dich möge für und für
in, bei und an mir tragen.
So laß mich doch dein Kripplein sein;
komm, komm und lege bei mir ein
dich und all deine Freuden.

Text: Paul Gerhardt 1653
Melodie: Johann Sebastian Bach 1736

Die Lieder von Paul Gerhardt sind von einer tiefen Innigkeit geprägt. Das kommt ganz besonders stark in diesem Weihnachtslied zum Ausdruck. Das hat seinen Grund im Frömmigkeitsstil des Pietismus. Während die Lieder der Reformationszeit das »Wir« der Gemeinde betonen, legt der Pietismus Wert auf das »Ich« des Frömmigkeitsbezuges. Luther sang: »...ich bring *euch* gute neue Mär...«; Paul Gerhardt singt: »*Ich* steh an deiner Krippen hier...« Zum anderen liegt es auch an der persönlichen Lebenserfahrung des Dichters. Auf seinem Grabstein lesen wir, daß er »ein in Satans Sieb gesichteter und bewährter Theologe« war.

Paul Gerhardt wurde 1607 in Gräfenhainichen (Sachsen) geboren, war Pfarrer in Mittenwalde und Berlin, zuletzt in Lübben (Spreewald), wo er 1676 starb. Er durchlebte die Nöte des Dreißigjährigen Krieges. Auch persönlich mußte er viel Leid ertragen. Seine Frau und vier seiner fünf Kinder starben in kurzer Zeit – nur der fünfte Sohn blieb am Leben, ist aber verkommen und irgendwo verschollen. Wenn man das weiß, dann versteht man, wovon Paul Gerhardt singt: »Ich lag in tiefster Todesnacht...« Nur der Blick auf das Kind in der Krippe gab ihm Mut zum Leben, so daß er zum »Dennoch« des Glaubens und der Freude hinfand. All seine Lieder sind Trostlieder eines Getrösteten. Damit wurde Paul Gerhardt zum Seelsorger für unendlich viele Leidgeprüfte.

Rudolf Alexander Schröder, der in seinen späteren Lebensjahren ebenfalls Glaubenslieder dichtete, schrieb über Paul Gerhardt: »Das Lied ist mit mir gegangen durch Jahrzehnte, in denen ich mich der Lehre und der Kirche Jesu Christi entfremdet wähnte... Es sind Paul

Gerhardts Lieder gewesen, an denen ich mit leiser Hand zurückgeführt worden bin, noch ehe mir das Wort der Schrift selbst lebendig geworden war.«

Welch ein Jubel klingt aus Gerhardts Weihnachtslied »Fröhlich soll mein Herze springen«! Mit welcher Innigkeit steht er »an deiner Krippen hier«, vor dem Geheimnis der Christnacht. Wie stark ist der Wunsch, sein eigenes Herz zur Wiege für den Heiland zu machen. Er will nicht das »bürgerliche« Weihnachten feiern, sondern vor dem Geheimnis der unbegreiflichen Liebe Gottes niederknien. Hier sind Innigkeit des Glaubens und Schönheit der Sprache wunderbar vermählt. Wer dieses Lied liest oder singt, wird vor die Krippe gezogen und zur Anbetung bewegt. Es ist so innig und glaubensstark, daß kein Kaufhaus es als musikalische Untermalung in der Adventszeit mißbraucht – das spricht entschieden für dieses Lied.

Johann Sebastian Bach (1685–1750) traf mit seiner wunderbaren Moll-Melodie den Ton Paul Gerhardts genau. Auch Bach war Pietist und konnte daher Gerhardts Glaubensinnigkeit musikalisch aufnehmen und zum Ausdruck bringen – mit Kindlichkeit und Sensibilität. Das Lied erschien erstmals 1736 in einem von George Christian Schemelli herausgegebenen Gesangbuch, für das Bach auch noch andere Lieder und Begleitsätze geschrieben hatte.

Christusbekenntnis

Ein Weihnachtslied, wie Paul Gerhardt es schreibt, ist ein Bekenntnis zu Jesus, der ganz anders war, als wir alle sind, und der in ungetrübter Harmonie mit Gott lebte. Dieser Jesus war nicht erst als Dreißigjähriger Gottes Sohn, sondern schon von seiner Geburt an dafür bestimmt, der Heiland der Welt zu werden. Das ist der Grund für die Anbetung des Kindes: Aus diesem Kind sollte der Bergprediger, der Gekreuzigte und Auferstandene werden. Es geht um den Gottessohn. Jesus war mehr als eine edle und wertvolle Blüte am Stamm der Menschheit. In diesem Kind begegnet uns Gott, der Herr der Sternenheere. Und doch war es eine Geburt in Armut – nichts an der Geburt im Stall war glanzvoll. Gottes Liebe taucht dahinter auf, die den Menschen sucht, wo er ist: in Armut, in Herbergsnot, in »tiefer Todesnacht«. Gottes Herablassung in unsere Armut ist das Zeichen seiner uns suchenden Liebe. Gott beugt die widerspenstige Menschheit nicht durch Katastrophen, sondern lädt uns zu sich ein durch das Krippenkind und den Dulder am Kreuz. Wir müssen allerdings aufpassen, daß wir uns den Blick auf das Wunder der Menschwerdung Gottes nicht verstellen lassen durch den Hinweis auf Marias Jungfräulichkeit. Es geht in der Christnacht letztlich um nichts anderes als um die gnädige Herablassung Gottes im Stall zu Bethlehem. Dafür benutzte Gott alle möglichen Leute: den Kaiser Augustus, den Landpfleger Cyrenius, Joseph und Maria, sogar den Herbergswirt.

Die Mitte

Die Botschaft von der Liebe Gottes, die in dem Kind von Bethlehem sichtbar wird, ist die Mitte der Christnacht und aller weihnachtlichen Dichtung, aller Bilder und Lieder:

Nikolaus Hermann (1480–1561):

Er kommt aus seines Vaters Schoß
und wird ein Kindlein klein.
Er liegt dort elend, nackt und bloß
in einem Krippelein.

Martin Luther (1483–1546):

Des ewgen Vaters einig Kind
jetzt man in der Krippen findt...
Er ist ein Kindlein worden klein,
der alle Ding erhält allein.

Christian Fürchtegott Gellert (1715–1769):

Damit der Sünder Gnad erhält,
erniedrigst du dich, Herr der Welt.

Jochen Klepper (1903–1942):

Dem alle Engel dienen,
wird nun ein Kind und Knecht,
Gott selber ist erschienen,
zu sühnen für sein Recht.

Paul Gerhardt dichtet dazu:

O daß mein Sinn ein Abgrund wär
und meine Seel ein weites Meer,
daß ich dich möchte fassen!

Ihr Kinderlein, kommet

EG 43

Ihr Kin - der - lein, kom - met, o kom - met doch all,
zur Krip - pe her kom - met, in Beth - le - hems Stall,
und seht, was in die - ser hoch - hei - li - gen Nacht der
Va - ter im Him - mel für Freu - de uns macht.

* ✳ *

1. Ihr Kinderlein, kommet, o kommet doch all,
zur Krippe her kommet in Bethlehems Stall,
und seht, was in dieser hochheiligen Nacht
der Vater im Himmel für Freude uns macht.

2. O seht in der Krippe im nächtlichen Stall,
seht hier bei des Lichtleins hellglänzendem Strahl
in reinlichen Windeln das himmlische Kind,
viel schöner und holder, als Engel es sind.

3. Da liegt es, das Kindlein, auf Heu und auf
    Stroh,
Maria und Joseph betrachten es froh,
die redlichen Hirten knien betend davor,
hoch oben schwebt jubelnd der Engelein Chor.

4. O beugt wie die Hirten anbetend die Knie,
erhebet die Hände und danket wie sie;
stimmt freudig, ihr Kinder – wer wollt
    sich nicht freun? –
stimmt freudig zum Jubel der Engel mit ein.

5. O betet: Du liebes, du göttliches Kind,
was leidest du alles für unsere Sünd!
Ach hier in der Krippe schon Armut und Not,
am Kreuze dort gar noch den bitteren Tod.

6. So nimm unsre Herzen zum Opfer denn hin;
wir geben sie gerne mit fröhlichem Sinn.
Ach mache sie heilig und selig wie deins
und mach sie auf ewig mit deinem nur eins.

Text: Christoph von Schmid 1811
Melodie: Johann Abraham Peter Schulz 1794
Geistlich: Gütersloh 1832

Dieses Lied ist zu einem Stück unserer Kindheitserinnerungen geworden. Wenn die Mutter die Tür zum Weihnachtszimmer öffnet, dann lädt sie ins lichterfüllte Geheimnis mit dem Lied ein: Ihr Kinderlein, kommet. Dieses Lied ist dem kindlichen Verständnis angepaßt, ohne die biblische Aussage von der Geburt Christi zu verniedlichen, denn es ist die kindgemäße Umschreibung des Weihnachtsevangeliums in Lukas 2. Die Kinder werden aufgefordert, sich dankbar an Jesu Geburt zu freuen, wie sich einst die Hirten daran freuten. Im übrigen ist dieses Lied mit Leichtigkeit auch zu einem Weihnachtslied der Erwachsenen umzuformen: Man braucht nur für »Kinder« in der vierten Strophe und für »Kinderlein« in der ersten Strophe ein anderes Wort einzusetzen, das auch Erwachsene anspricht.

Das Lied hat drei Väter

Man spricht von der dreifachen Vaterschaft, die hinter dem Entstehen und Bekanntwerden dieses Liedes steht: Der Text wurde in Schwaben von Christoph von Schmid gedichtet, der Hofkapellmeister in Kopenhagen Johann Abraham Peter Schulz hat eine Melodie – allerdings für ein ganz anderes Lied – hinterlassen, und der Gütersloher Lehrer und Organist Friedrich Eickhoff hat die Rolle eines Redakteurs übernommen, Text und Melodie zusammengefügt und dadurch diesem Lied den Weg in die weite Welt eröffnet.

Ein Domherr als Dichter

Im Jahr 1768 kam Christoph von Schmid in Dinkelsbühl zur Welt. Wir wissen nicht viel von seinem Leben. Es ist aber bekannt, daß er Kinderbücher heraus-
gab und auch eine sechsbändige »Biblische Geschichte
für Kinder« und einen Band »Erster Unterricht von
Gott«. Daraus darf man schließen, daß er ein Herz für
Kinder hatte und sich um deren religiöse Erziehung
mühte. Um die Jahrhundertwende lebte er als Schulin-
spektor in Thannhausen im Schwabenland. Der bayeri-
sche König Ludwig I. wurde auf ihn aufmerksam und
berief ihn 1827 zum Domherrn nach Augsburg, wo
er dieses Amt bis ins hohe Alter bekleidete. Er starb
1854.

Im Advent 1829 geschah folgendes: Im Augsburger
Gildehaus stellten Holzschnitzer aus dem Bayerischen
Wald ihre Krippen aus und boten sie zum Kauf an.
Schmid ließ sich dieses Angebot nicht entgehen und
freute sich an den Krippen. Er freute sich aber auch an
den Kindern, die sich diese ausgestellten Krippen mit
großen Augen anschauten und voll Begeisterung waren. Dabei erinnerte er sich plötzlich wieder stark an
Dinkelsbühl und daran, wie er seine Kindheit erlebt
hatte. Er dachte zurück an Weihnachten und daran,
daß auch in seiner Heimatkirche eine Weihnachtskrippe aufgestellt war und viele Kinder vor der Kir-
chentür warteten, bis endlich der Gemeindepfarrer
kam, die Tür aufmachte und den Kindern zurief: Ihr
Kinder, kommt zur Krippe! Diese Erinnerung rief ihm
auch jene Verse wieder ins Gedächtnis, die er vor
drei Jahrzehnten geschrieben und 1811 veröffentlicht

hatte, als Ruf für Kinder zur Krippe: »Ihr Kinderlein, kommet...« Singen müßte man sie!

Ein Hofkapellmeister als Komponist

Der 1747 in Lüneburg geborene Johann Abraham Peter Schulz hat nie erfahren, daß er die Melodie für das Kinderlied des Augsburger Domherrn Christoph von Schmid geschaffen hat. Er war bereits im Jahr 1800 in Schwedt an der Oder gestorben. In seiner Hinterlassenschaft befand sich ein Notenblatt zu einem Frühlingslied, das in der ersten Zeile lautete: »Wie reizend, wie wonnig ist alles umher...« Als Schulz dieses Gedicht vertonte, war er Hofkapellmeister in Kopenhagen und hatte schon vieles komponiert: Lieder, geistliche und weltliche Chorwerke, Singspiele. Von ihm stammt auch die Melodie zu dem Gedicht von Matthias Claudius »Der Mond ist aufgegangen«.

Ein Lehrer als Redakteur

Als junger Mann lebte der Lehrer Friedrich Eickhoff in Gütersloh. Für seinen Religionsunterricht suchte er in der Adventszeit nach einem geeigneten Weihnachtsgedicht. Er wußte, daß man singend ein solches Gedicht leichter im Unterricht einbringen kann, und bedauerte sehr, daß es für das ihm geeignet scheinende Gedicht »Ihr Kinderlein, kommet...« keine Melodie gab. Wie viele Lehrer damals war auch er gleichzeitig Organist und mit der Musikliteratur der Zeit vertraut.

So suchte er nun nach einer Melodie, die in Stil und Leichtigkeit zu dem Gedicht paßte. Er fand das Notenblatt des Hofkapellmeisters aus Kopenhagen, legte dieser Melodie den Text des Domherrn unter und ließ nun das Lied 1829 von einer Schulklasse zum ersten Mal singen.

Der Weg in die Wohnstube

Dann ging alles sehr rasch. Der Lehrer Eickhoff heiratete die Tochter des Gütersloher Verlegers Carl Bertelsmann, der gerade dabei war, ein Liederbuch herauszugeben – unter dem Titel »Sechzig Lieder für dreißig Pfennig«. Bertelsmann nahm das weihnachtliche Kinderlied in dieses Liederbuch auf, das dann 1832 veröffentlicht wurde. So begann der rasche Lauf des Liedes in die Welt. Eickhoff war auch mit dem evangelischen Pfarrer Heinrich Volkenring befreundet, der für die Ravensburger Erweckungsbewegung ein Liederbuch schuf, die »Missionsharfe«. Auch sie enthielt das neue Weihnachtslied. Dieses Liederbuch erreichte viele evangelische Familien. Es trug sehr stark zum Bekanntwerden des weihnachtlichen Kinderliedes bei.

Drei Männer, die sich im Leben nie begegnet sind, haben dazu beigetragen, daß Kinder ein Weihnachtslied singen können, in dem die frohe Botschaft von der Geburt Jesu, des Gottessohnes, besungen wird. Auch beide Kirchen begegnen sich in diesem Lied – in der Gestalt des katholischen Domherrn und des evangelischen Lehrers in Gütersloh.

O du fröhliche

EG 44

O du fröh-li-che, o du se-li-ge,

gna-den-brin-gen-de Weih-nachts-zeit!

Welt ging ver-lo-ren, Christ ist ge-bo-ren:

Freu-e, freu-e dich, o Chri-sten-heit!

* ✳ *

1. O du fröhliche, o du selige,
gnadenbringende Weihnachtszeit!
Welt ging verloren,
Christ ist geboren:
Freue, freue dich, o Christenheit!

2. O du fröhliche, o du selige,
gnadenbringende Weihnachtszeit!
Christ ist erschienen,
uns zu versühnen:
Freue, freue dich, o Christenheit!

3. O du fröhliche, o du selige,
gnadenbringende Weihnachtszeit!
Himmlische Heere
jauchzen dir Ehre:
Freue, freue dich, o Christenheit!

Text: Strophe 1 Johannes Daniel Falk 1816;
Strophe 2-3 Heinrich Holzschuher 1829
Melodie: Sizilien vor 1788, bei Johann Gottfried Herder 1807

Neben dem Weihnachtslied »Stille Nacht...« gehört das Lied »O du fröhliche...« zu den meistgesungenen Liedern; sei es in den Christvespern, in den Vereinen oder Familien. Und das nicht nur in Deutschland, wo es entstand, sondern in aller Welt. Zu diesem Lied bekommt man gewiß ein noch engeres Verhältnis, wenn man bedenkt, wer es gedichtet hat, in welcher Zeit es geschrieben wurde, für wen es zunächst bestimmt war und woher die einschmiegsame Melodie kommt.

Johannes Daniel Falk aus Danzig

Der Verfasser des Weihnachtsliedes (allerdings nur der ersten Strophe) ist der Legationsrat Johannes Daniel Falk, der damals bereits in Weimar lebte, wo er auch begraben liegt – sein Grab ist noch erhalten. Geboren wurde er am 28. Oktober 1768 in Danzig als Sohn eines Perückenmachers. Er war eines von sieben Kindern, das begabteste und fleißigste. Dennoch nahm ihn der Vater mit zehn Jahren aus der Schule, damit er ihm beim Anfertigen der Perücken helfe. Die Familie war arm, und der Vater hatte kein Verständnis für Schulbildung. Weltliche Bücher hielt er ohnehin für »Narrenwerk«.

Studienhilfe

Die Stadtväter von Danzig hatten jedoch Weitblick und ermöglichten dem jungen Falk den Besuch der Lateinschule. Später finanzierten sie ihm auch das Universitätsstudium. Zur Übergabe der Studienhilfe luden die Danziger Ratsherren den Absolventen des Gymnasiums ein. Das war ein sehr würdiger Akt, der fest im Gedächtnis des jungen Mannes bleiben sollte und blieb. Nach der Sitte der Zeit trugen die Ratsherren weiße Perücken, weiße Halskrausen und goldene Ketten als Symbol der Würde und des Amtes. Die Stipendienübergabe wurde im großen Rathaussaal vollzogen, an einem Sonntag im Jahr 1791. Die Stadtväter erkannten nicht nur, daß der arme Vater das Studium seines Sohnes nicht bezahlen konnte, sondern sie sahen ihre Verantwortung als Stadtväter auch darin, begabte Söhne ihrer Stadt zu fördern. Sie verpflichteten ihn zu Fleiß und Gewissenhaftigkeit und gaben ihm gute Worte mit auf den Lebensweg. Ein Ratsherr ermahnte ihn: »Du bleibst unser Schuldner. Wenn einst arme Kinder an deine Tür klopfen sollten, so denke, wir sind es, die alten Ratsherren von Danzig, und weise sie nicht ab.« All die eindringlichen Worte begleiteten den Studenten auf seinem Weg ins Studium. Gleich am folgenden Tag verließ er seine Geburtsstadt mit ihren hochgiebeligen Häusern, mit dem großen Hafen und den prall gefüllten Vorratsspeichern. Als Studienort hatte er Halle gewählt, als Studienfächer Theologie und Sprachen.

Halle

Der Perückenmacher Falk hatte keinen Sinn für Balladen und Gedichte, erst recht nicht für Wieland oder Goethe. Für ihn gab es nur Perücken, mit denen er seine Familie ernähren wollte; Verse und Reime fanden bei ihm kein Verständnis. Daher duldete er auch nicht, daß seine Kinder Bücher – zumindest weltliche – mit in sein Haus brachten. Um so begieriger las der junge Student und begeisterte sich für die moderne Literatur des »Sturm und Drang«. Obwohl er Theologie studierte, wollte er nicht Pfarrer werden, sondern strebte zunächst die Arbeit des Pädagogen an. Tatsächlich wurde er Schriftsteller und pädagogischer Fachgelehrter. Er fühlte sich in literarischen Zirkeln zu Hause. Seine Spottverse und Satiren fanden trotz ihres zündenden Witzes keine Gegenliebe bei den Angegriffenen. Die verärgerten Stadtväter von Halle verfügten daher seine Ausweisung aus der Stadt. Er hatte die Unvollkommenheit der Stadtverwaltung und ihr Kulturprogramm wohl zu hart gegeißelt. Die einen nannten ihn einen »liebenswerten Meister der Kunst der Satire«, die anderen lehnten« seine ironischen Kritiken hart ab. So blieb ihm nichts anderes übrig, als der Ausweisung aus Halle Folge zu leisten. Er reiste nach Weimar, in die Metropole des »Sturm und Drang«.

Weimar

In Weimar fand Falk freundliche Aufnahme. Zweifellos hatte er in Halle etwas dazugelernt und befleißigte sich einer anderen Tonart. Der Dichter Wieland, der im benachbarten Kranichfeld wohnte, wurde sein Freund und Gönner. Bei Goethe fand er ein offenes Haus. Er zählte bald auch zu den Vertrauten des Herzogs. In Weimar fand er seine Frau Karoline, die ihm sieben Kinder gebar. Und nun folgte Büchlein auf Büchlein, manche darunter mit spitzer Feder geschrieben. Im Lauf der Zeit entstanden 300 Gedichte, abgedruckt in schönen Prachtbänden, die allerdings nur noch in Bibliotheken einsehbar sind. Goethe schätzte Falks Zeitschrift »Elysium und Tartarus« und nannte Falk »meinen teuersten Artgenossen«. So verdiente Falk seinen Lebensunterhalt in Weimar als »Privatlehrer« und als »Privatgelehrter«.

1806

Das Leben in Weimar blieb nicht unberührt von den napoleonischen Kriegen, die ganz Europa verwüsteten. Bei Jena und Auerstedt wurden die Preußen von den Franzosen geschlagen. Überall waren die Straßen voller Flüchtlinge, die davon berichteten, wie barbarisch die französischen Soldaten hausten, plünderten, den Bauern das Vieh wegnahmen und die Häuser und Dörfer anzündeten. Falks Freund Andreas Schwarz riet ihm, Weimar zu verlassen, denn der Buchhändler Palm sei in Nürnberg auf ausdrücklichen Befehl Napoleons erschossen worden. Es kam dann wirklich eine schlimme Zeit für Weimar. Zunächst zogen halbverhungerte Fliehende durch Weimars Straßen in die nächste Stadt. Den Flüchtlingen folgten versprengte preußische Soldaten, und dann kamen die napoleonischen Truppen. Aus dem verträumten Weimar wurde eine Stadt voller Angst, Aufgeregtheit und Verzweiflung. Karren mit stöhnenden Verwundeten fuhren über das holprige Pflaster. Kinder, die ihre Mütter verloren hatten und deren Väter sich irgendwo als Soldaten aufhielten oder gefallen waren, zogen durch die Straßen und versuchten, Eßbares zu ergattern. Einige Marodeure drangen sogar in Goethes Arbeitszimmer ein. Wahrscheinlich hat die Geistesgegenwart von Christiane Vulpius ihm das Leben gerettet.

Erinnerung an Danzig

Das Jahr 1813 wurde für Falk das entscheidendste Jahr seines Lebens. Wieder besetzten französische Truppen die Stadt. Persönliche Heimsuchungen kamen hinzu, so daß aus dem ehrgeizigen Literaten ein barmherziger Samariter wurde. Im Herbst starben vier seiner sieben Kinder an der Pest, zwei Jungen und zwei Mädchen – und das in einem Monat. Schließlich erkrankte er selbst und lag wochenlang im Bett: »Erst als ich merkte, wie hart Gott gegen mich sein mußte, da bin ich barmherzig geworden.« Beim Anblick der zerlumpten Kinder kam ihm das Wort der Ratsherren von Danzig in den Sinn: Wenn arme Kinder an deine Tür klopfen, dann denke: wir sind es, die Ratsherrn von Danzig, die dir einst, als du auch ein armer Junge warst, geholfen haben. Es wurde ihm klar, daß er nicht am Schreibtisch zur Fertigung kleiner satirischer Schriften gebraucht würde – das hätte doch keinem Menschen in dieser schweren Zeit geholfen. Da seine Mutter aus der französischen Schweiz stammte und ihn sein Großvater schon in die französische Sprache eingeführt hatte, konnte er sich dem französischen General Villain, dem Stadtkommandanten von Weimar,

68

als Dolmetscher anbieten. Auf diese Weise konnte er manche Übergriffe der französischen Soldaten verhindern.

Gleichzeitig nahm er zunächst einige Kinder in sein Haus auf. Dann mietete er ein leerstehendes Anwesen und machte es zu einem Heim für diese Kinder. Hier kamen seine pädagogischen Fähigkeiten zum Zug. Er verkürzte ihnen die Zeit durch das Erzählen von Geschichten. Er organisierte eine kleine Schule, bat Handwerker, diese Kinder als Lehrlinge einzustellen, und fand bei den Handwerksmeistern viel Verständnis, wenn er ihnen von den Danziger Ratsherren erzählte. Er organisierte auch Nähschulen. Es waren mehr als hundert Kinder, die er betreute – eine pädagogische Großtat jener Zeit, die für umherstreunende Kinder nichts anderes zu bieten hatte als Gefängnisse und Arbeitshäuser.

Das von ihm für die Kinder gemietete Heim wurde ohne Absprache mit ihm plötzlich vom Eigentümer verkauft, so daß sich Falk nach einer neuen Bleibe umsehen mußte. Er fand das halbverfallene Schloß des Grafen von Orlamünde. Weil in früheren Jahren Martin Luther einmal in diesem Schloß übernachtet hatte, gab er dem Kinderheim den Namen »Lutherhof«. Der alten Grafenburg, die er nun mit den Kindern restaurierte, um sie bewohnbar zu machen, gab er eine Inschrift über dem Eingangstor: »Nach der Schlacht von Jena, Lützen und Leipzig erbauten die Freunde in der Not durch 200 gerettete Knaben dieses Haus dem Herrn zu einem Dankaltar.« Die Jugendlichen und freiwilligen Helfer haben 1821 die Restaurierung des Lutherhofes beendet. Goethe, der mit Falk befreundet war, sagte anerkennend zu einem Begleiter: »Was Falk kann, können wir alle beide nicht.«

Weihnachten 1816

Falk war recht kränklich und meinte, dies Weihnachten werde für ihn das letzte sein. Für viele Kinder war es das erste Weihnachtsfest. Er dichtete ein Lied, das er mit den Kindern einüben wollte, um es am Weihnachtstag gemeinsam zu singen. Dieses Lied war »O du fröhliche…«. Die Kinder sollten sich im großen Saal versammeln. Er stellte drei Tannenbäume auf – zur Erinnerung an die drei Ratsherren in Danzig. Er schmückte die Bäume mit Lichtern. Dann sang er mit den Kindern sein neues Lied: »O du fröhliche, o du selige, gnadenbringende Weihnachtszeit! Welt ging verloren, Christ ist geboren: Freue, freue dich, o Christenheit!« Von Falk stammt nur die erste Strophe dieses Liedes. Die zwei weiteren Strophen stammen von seinem Mitarbeiter Heinrich Holzschuher. Falk hat natürlich keinen Augenblick angenommen, daß seine Liedstrophe einmal rund um die Welt gehen würde. Es ist das einzige kleine Verslein, das die Nachwelt von ihm übernommen hat. Goethe kannte die Liedstrophe und empfahl sie 1819 seinen Freunden als »Kurzweil in der Adventen-Zeit«. Dietrich Bonhoeffer schrieb über dieses Lied: »In seiner naiven Vertraulichkeit schmeckt dieses Lied wie ein Stück Brot von Zuhause.« Falk hatte eigentlich ein Dreifach-Lied geschaffen: je eine Strophe zur Weihnachtszeit, zur Osterzeit und zur Pfingstzeit. Zum eigentlichen Weihnachtslied wurde es da-

durch, daß der zeitweilige Gehilfe Falks und Fürsorge-
berater Holzschuher durch Schaffung der zweiten und
dritten Strophe ein dreistrophiges Lied daraus machte.
In alten Gesangbüchern befindet sich aber noch das
»Allerdreifeiertagslied« im Original, wie Falk es ursprünglich geschaffen hat.

Die Melodie

Daß sie aus Sizilien stammt, ist allgemeine Überzeu-
gung. Aber wie sie nach Weimar kam, darüber sind
sich die Gelehrten nicht einig. Die einen sagen: Die Melodie wurde in Sizilien bei Hochzeiten gesungen, mit
dem Text: »O sanctissima benedictissima..., süße Mutter der Liebe...« Der Theologe und Dichter Johann
Gottfried Herder, der Volksweisen fremder Völker
sammelte, habe auf einer Reise in Palermo diese Melodie entdeckt und 1802 nach Weimar gebracht. Er habe
sie als eingängig und heiter empfunden, aber keinen
Text dafür gehabt. – Zum anderen wird behauptet, der
württembergische Herzog habe die Melodie aus Sizilien mitgebracht und an seinem Hof als »Pavane«
(Tanz zur Eröffnung des Hofballs) spielen lassen. –
Die dritte Erklärung: Ein kranker Flüchtlingsjunge
aus Sizilien, den Falk in seinem Heim aufgenommen
hatte, habe im Fieber diese Melodie vor sich hingesun-
gen. – Und schließlich wird behauptet, daß Straßensänger auf den Stufen der Stadtkirche in Weimar ihre sizi-
lianische Melodie gesungen hätten – als altes Fischer-
lied und daß die Melodie fast zu einem »Schlager« in
der Stadt geworden sei. Wie dem auch sei: Das Lied

entstand aus den Versen zweier Männer, die sich der Kinder jener Zeit annahmen, und einer sizilianischen Melodie und hat seinen Weg um den Erdball gemacht. 1829 erschien es erstmalig in dem Liederheft »Harfenklänge«. Goethe gab dem Lied die beste Empfehlung mit, wenn er schrieb, daß er »von seinem schlichten Glanz hingerissen« sei.

1826

Am 14. Februar 1826 starb Johannes Falk unter großen Qualen an einer Sepsis. Auf seinem Grabstein auf dem Weimarer Friedhof lesen wir Verse, die er selbst dafür geschrieben hat:

Unter diesen grünen Linden
ist, durch Christus frei von Sünden,
Herr Johannes Falk zu finden.
Kinder, die aus deutschen Städten
diesen stillen Ort betreten,
sollen fleißig für ihn beten:
Ew'ger Vater, dir befehle
ich des Vaters arme Seele
hier in dunkler Grabeshöhle.
Weil er Kinder aufgenommen,
laß ihn einst mit allen Frommen
als dein Kind auch zu dir kommen.

Mit seinem Weihnachtslied »O du fröhliche...« besang er die Geburt dessen, der als armes Kind in der Krippe lag, damit wir, wie Paulus im 2. Korintherbrief schreibt, durch seine Armut reich würden.

Stille Nacht, heilige Nacht!

EG 46

Stil - le Nacht, hei - li - ge Nacht!

Al — les schläft, ein - sam wacht nur das

trau - te, hoch - hei - li - ge Paar. Hol - der

Kna - be im lok - ki - gen Haar, schlaf in

himm - li - scher Ruh, schlaf in himm - li - scher Ruh.

* ✳ *

1. Stille Nacht, heilige Nacht!
Alles schläft, einsam wacht
nur das traute, hochheilige Paar.
Holder Knabe im lockigen Haar,
schlaf in himmlischer Ruh, schlaf in himmlischer
Ruh.

2. Stille Nacht, heilige Nacht!
Hirten erst kundgemacht,
durch der Engel Halleluja
tönt es laut von fern und nah:
Christ, der Retter, ist da, Christ, der Retter, ist da!

3. Stille Nacht, heilige Nacht!
Gottes Sohn, o wie lacht
Lieb aus deinem göttlichen Mund,
da uns schlägt die rettende Stund,
Christ, in deiner Geburt, Christ, in deiner
Geburt.

Text: Joseph Mohr 1818
Melodie: Franz Xaver Gruber 1818

Es ist nur ein kleines Lied, aber doch in der ganzen Welt bekannt. In der Beliebtheitsskala steht es an erster Stelle – nicht nur unter den Weihnachtsliedern. Es hat seinen festen Platz in den Christvespern der Kirchen am Heiligen Abend – noch mehr aber in den Familien: Da wird das elektrische Licht ausgeschaltet, die Kerzen am Christbaum werden angezündet, dann wird die Schallplatte oder Kassette aufgelegt, und das Lied »Stille Nacht…« erklingt, mitgesungen von der Familie, zumindest von den Kindern. So hat dieses Lied im 19. und 20. Jahrhundert sich die Wohnstube der christlichen Familien erobert. Das Dritte Reich versuchte vergeblich, es zu verdrängen durch »Hohe Nacht der klaren Sterne…«. Das Lied »Stille Nacht« behielt seinen festen Platz in der familiären Weihnachtsfeier.

23. Dezember 1818

Das ist das Entstehungsdatum dieses Liedes. An jenem Abend stand fest, daß die Orgel im salzburgischen Oberndorf ihren Dienst zur Christmette wegen Reparaturbedürftigkeit nicht mehr tun würde. Eine Christmette ohne Musik und Gesang, nur mit dem gesprochenen Wort, war eigentlich nicht denkbar. So entstand bei dem jungen Hilfspriester Joseph Mohr der Gedanke, ein kleines leicht einprägsames Lied zu schaffen, um mit wenigen Worten die weihnachtliche Botschaft auszusprechen. Anschließend ging er zu seinem Freund, dem Schullehrer und Organisten Franz Xaver Gruber, ins benachbarte Arnsdorf, zeigte ihm seine

Verse und bat ihn, dazu eine passende Melodie zu schreiben: für zwei Solisten, kleinen Chor und Gitarrenbegleitung. Damals konnte niemand ahnen, welche Folge die Begegnung dieser beiden Männer haben würde. Bei der Christmette in Oberndorf fand dann die »Uraufführung« dieses kleinen bescheidenen Weihnachtsliedes statt. Joseph Mohr sang mit seiner Tenorstimme die Melodie zur Gitarrenbegleitung, Franz Xaver Gruber sang den Baß dazu, ein kleiner Chor, der kaum Zeit gehabt hatte, Text und Melodie zu lernen, wiederholte die jeweilige Schlußzeile. Es ist ungewiß, ob im folgenden Jahr dies Lied zur Christmette wieder gesungen wurde.

Joseph Mohr

Man sollte sich ihn nicht als einen Zartbesaiteten vorstellen. Er soll eine recht rustikale Natur gewesen sein. Aber er war zugleich ein Mann mit kindlich tiefem Glauben. Sein Lebenslauf ist schnell dargestellt. Er war das Kind armer Eltern und wurde am 11. Dezember 1792 in Salzburg geboren. 1812 wurde er zum Priester geweiht und und wirkte von 1817 bis 1819 in Oberndorf. Er starb im Alter von 56 Jahren im Jahre 1848. Mehr weiß man nicht von ihm. Ein schmiedeeisernes Kreuz schmückt sein Grab in Wegrain bei Salzburg.

Franz Xaver Gruber

Von ihm wissen wir noch weniger. Er kam am 25. November 1787 in Unterweinburg zur Welt, als Sohn eines armen Leinenwebers. Heimlich erlernte er das Geigenspiel und fand früh Freude am Orgelspiel. Er wurde Lehrer und versah auch den Orgeldienst in dem Nachbarort Oberndorf. Zwischen ihm und dem Hilfspriester Mohr entstand eine Freundschaft, bei der jeder seine Begabung einbrachte. Gruber starb am 7. Juni 1863 in Hallein.

Fast vergessen

Die Welt hätte von beiden und ihrem Lied nichts erfahren, wäre nicht der Orgelbauer Carl Mauracher im Frühjahr 1825 nach Oberndorf gekommen, um die schadhafte Orgel zu reparieren. Der Orgelbauer stammte aus Tirol, aus dem Zillertal. Er fertigte sich eine Abschrift von dem Lied in Oberndorf an. Keiner weiß, ob er absichtlich die Namen »Mohr« und »Gruber« weggelassen hat oder unabsichtlich.
Im Zillertal lebte damals eine Musikantengruppe: die vier Geschwister Strasser (Amalie, Karoline, Anna und Joseph Strasser). Von Beruf »Handschuhmacher«, besuchten sie Märkte und Messen in ganz Europa und machten als Gesangsgruppe gern auf ihre Handschuhe, die sie ja verkaufen wollten, aufmerksam. Als eine solche Volksmusikgruppe traten sie 1832 bei einem volkstümlichen Gesangsabend in Leipzig auf. Sie sangen dann auch bei der Christmette in der königli-

chen Hofkapelle der Pleissenburg ihr Weihnachtslied »Stille Nacht…«.

Bereits 1833 wurde in Dresden ein Faltblatt gedruckt: »Vier Tiroler Lieder – für Sopran-Solo oder für vier Stimmen mit willkürlicher Begleitung. Treu diesen trefflichen Naturgesängen nachgeschrieben.« 1843 gab G. W. Fink im »Musikalischen Hausschatz der Deutschen« das Lied »Stille Nacht…« als »Tyrolische Volksweise« heraus. Da Dichter und Komponist unbekannt waren, erschien das Weihnachtslied in den Liederbüchern als »Altes Volkslied aus dem Zillertal« oder als »Oesterreichisches Weihnachtslied« oder als »Ächtes Tirolerlied«.

Erst später, 1854, stellte man Nachforschungen über das Entstehen dieses Weihnachtsliedes an. Die königliche Hofkapelle in Berlin fragte in Salzburg nach, ob vielleicht Josef Haydn, der in Salzburg gestorben war, der Komponist des Liedes sei. Damals lebte Gruber noch in einem Stift in Salzburg und konnte bezeugen, wie das Lied im Jahr 1818 entstanden war und daß es ein Geschenk Österreichs an die Welt ist.

Die Botschaft

Auch wenn nicht unberechtigt der leise Vorwurf erhoben wird, dieses Lied sei doch recht »sentimental und inbrünstig«, so hat es auch für die gegenwärtige Generation nicht an Beliebtheit verloren. Es war sicher hilfreich, sowohl für das Lied als auch für heutige Ohren, die kleine Textänderung vorzunehmen: statt »holder Knabe im lockigen Haar« zu singen »das im Stalle zu

Bethlehem war«. (Das neue Evangelische Gesangbuch hat allerdings wieder den Originaltext.)

Das Lied nimmt eine Mittelstellung ein. Es steht zwischen der kristallenen Klarheit der Bachschen Oratorien-Choräle und dem gefühlvollen Weihnachtskitsch vieler Lieder. Es erfüllt den Wunsch nach Gefühl und gehört heute weitgehend zum häuslichen Weihnachtsritual ungezählter Familien – wie der Christbaum auch. Die Botschaft dieses Liedes ist unüberhörbar: »Christ, der Retter, ist da.« Für die Welt hat in Bethlehem die rettende Stunde geschlagen. Gott ist uns in dem himmlischen Kind nahegekommen, um uns seine Liebe zu zeigen und aus Schuld und Tod zu retten. In einer Welt, in der die Humanität austrocknet, bezeugt dieses Lied Gottes Menschenliebe in Jesus. In die Welt der heillosen Nächte senkt Gott eine heilige Nacht, an der die Menschheit genesen soll. Einer Welt ohne Frieden bietet Gott in Jesus seinen Frieden an, indem er durch Jesus das Wort von der Versöhnung ausruft.

Diese Botschaft sollten wir aus dem schlichten Weihnachtslied heraushören. Eine materialistisch gewordene Menschheit wird es als eine Oase empfinden. Eine Kirche, die Volkskirche bleiben will, wird diesem Lied nicht den Rücken kehren. Wir brauchen uns nicht um das Lied zu sorgen, es ist längst nicht mehr auf den deutschen Sprachraum begrenzt. Man singt es inzwischen in Italien, Spanien, Frankreich, England, Amerika, auch in Südamerika und Afrika und sogar in Japan.

Lateinische Hymne

Es sei nicht unerwähnt, daß die Annahme besteht, Mohr habe einen lateinischen Hymnus ins Deutsche übersetzt und in schlichte Reime gebracht. Wer mag in Oberndorf schon lateinische Hymnen verstanden haben. Auch Luther hat lateinische Chorgesänge ins Deutsche übersetzt und daraus deutsche Lieder für den Gemeindegesang gedichtet. Vielleicht hatte Mohr den gleichen Gedanken, als ihm der lateinische Hymnus in die Hand fiel:

Alma nox, tacita nox!
Omnium silet vox,
Sola virgo nunc beatum
Ulnis fovet dulcem natum.
Pax tibi puer, pax!

Alma nox, tacita nox!
Angeli sonat vox
Halleluja! O surgite
Pastores hic accurite!
Christus Deus adest.

Alma nox, tacita nox!
O Jesus, tua vox
Amorem nobis explanat
Nos redemptos esse clamat
In tuo natali.

Man kann diese Verse etwa so übersetzen:

Holde Nacht, stille Nacht!
Jede Stimme schweigt.
Einsam wiegt nun die Jungfrau den glückseligen
süßen Sohn in ihren Armen.
Friede dir, Knabe, Friede!

Holde Nacht, stille Nacht!
Die Stimme des Engels ertönt:
Halleluja! O steht auf,
ihr Hirten, eilt herbei!
Christus, Gott [selbst], ist hier.

Holde Nacht, stille Nacht!
O Jesus, deine Stimme
deutet uns die [göttliche] Liebe,
ruft aus, daß wir erlöst sind
am Tag deiner Geburt.

Die Nacht ist vorgedrungen

EG 16 · EKG 14

Die Nacht ist vor-ge-drun-gen, der Tag ist nicht mehr fern. So sei nun Lob ge-sun-gen dem hel-len Mor-gen-stern! Auch wer zur Nacht ge-wei-net, der stim-me froh mit ein. Der Mor-gen-stern be-schei-net auch dei-ne Angst und Pein.

1. Die Nacht ist vorgedrungen,
der Tag ist nicht mehr fern.
So sei nun Lob gesungen
dem hellen Morgenstern!
Auch wer zur Nacht geweinet,
der stimme froh mit ein.
Der Morgenstern bescheinet
auch deine Angst und Pein.

2. Dem alle Engel dienen,
wird nun ein Kind und Knecht.
Gott selber ist erschienen
zur Sühne für sein Recht.
Wer schuldig ist auf Erden,
verhüll nicht mehr sein Haupt.
Er soll errettet werden,
wenn er dem Kinde glaubt.

3. Die Nacht ist schon im Schwinden,
macht euch zum Stalle auf!
Ihr sollt das Heil dort finden,
das aller Zeiten Lauf
von Anfang an verkündet,
seit eure Schuld geschah.
Nun hat sich euch verbündet,
den Gott selbst ausersah.

4. Noch manche Nacht wird fallen
auf Menschenleid und -schuld.
Doch wandert nun mit allen
der Stern der Gotteshuld.
Beglänzt von seinem Lichte,
hält euch kein Dunkel mehr.

Von Gottes Angesichte
kam euch die Rettung her.

5. Gott will im Dunkel wohnen
und hat es doch erhellt.
Als wollte er belohnen,
so richtet er die Welt.
Der sich den Erdkreis baute,
der läßt den Sünder nicht.
Wer hier dem Sohn vertraute,
kommt dort aus dem Gericht.

Text: Jochen Klepper 1937 · Melodie: Johannes Petzoldt 1939
Rechte: Bärenreiter-Verlag, Kassel

Nachdem viele Weihnachtslieder entstanden sind, die die Stimmung und die Gefühle der Feiernden zum Ausdruck brachten, war es doch recht überraschend, daß gerade in der Zeit, als das Christentum in Deutschland bedrängt wurde, Weinachtslieder geschrieben wurden, die ganz stark die biblische Aussage der Christnacht betonten. Der Dichter eines solchen Liedes ist ein Mann, der von der Ideologie des Dritten Reiches so bedroht wurde, daß ihm nur der Freitod als Ausweg blieb.

Jochen Klepper

Er wurde 1903 in Beuthen / Oder geboren, studierte Theologie und lebte seit 1931 als freier Schriftsteller in Berlin. Er hat mehrere Weihnachtslieder gedichtet. Bereits 1936 schuf er ein »Abendmahlslied zur Weihnacht«, ein Jahr später »Die Nacht ist vorgedrungen«, das auch in unsere Gesangbücher Einzug gehalten hat. Er hatte eine jüdische Frau, eine Witwe mit zwei Töchtern, geheiratet. Es nützte nichts, daß seine Frau sich taufen ließ – sie blieb für die Rassenideologie eine Semitin und des Deutschseins unwürdig. Schließlich wollten die Machthaber jener Zeit die Frau vom Ehemann trennen und in ein Konzentrationslager verschleppen. Einer Tochter – die andere hatte sich ins Ausland retten können – drohte das gleiche. Dem kamen beide mit ihrer Tochter zuvor und beendeten im Dezember 1942 ihr Leben durch Freitod. Sie wollten damit die Unauflöslichkeit ihrer Ehe – und somit der Ehe überhaupt – signalisieren. Als letzte Tagebucheintragung lesen wir: »Über uns steht in den letzten Stunden das Bild des Segnenden Christus, der um uns ringt. In dessen Anblick endet unser Leben.«

So verlor unser Volk einen seiner großen Dichter und Schriftsteller, der uns den großartigen Roman »Der Vater«, die Novelle »Der Kahn der fröhlichen Leute« und das Fragment »Die Flucht der Katharina von Bora« sowie viele geistliche Dichtungen hinterließ. Wenn man das weiß, schaut man sein 1937 geschriebenes Weihnachtslied mit anderen Augen an. Klepper veröffentlichte es 1938 in seiner Liedersammlung »Kyrie«.

Ein Weihnachtslied

In unseren Gesangbüchern finden wir dieses Lied unter den Adventsliedern; der Grund dafür mag wohl der Bezug auf Römerbrief 13,12 sein, wo wir lesen: »Die Nacht ist vorgerückt, der Tag aber nahe herbeigekommen...« In seinem Tagebuch bezeichnet Klepper sein Lied als Weihnachtslied, das er erst am Vorabend des vierten Advent niedergeschrieben hat. Auch der Inhalt dieses Liedes verlangt die Einordnung in den Weihnachtskreis der Lieder. Er schreibt: »Gott selber *ist* erschienen« und »nun *hat* sich euch verbündet« und »macht euch zum *Stalle* auf«. Ich möchte fast meinen, daß denen, die das Gesangbuch zusammenstellten und die Lieder jeweils einer bestimmten Kirchenjahreszeit zuordneten, das Lied Kleppers nicht weihnachtlich genug war, so daß sie es lieber dem Advent zuordneten, wo der Blick auf Wiederkunft und Endgericht im Mittelpunkt steht. Klepper stellte bewußt die Christgeburt in den Mittelpunkt seiner Aussage und wollte ganz sicher, daß wir von den säkularisierten Weihnachtsliedern wie »O Tannenbaum...«, »Leise rieselt der Schnee...« und »Am Weihnachtsbaume...« wieder zurückfinden zum Lobe dessen, der uns in diesem Kind von Bethlehem begegnet.

Weihnachtlicher Realismus

Klepper schreibt: »Noch manche Nacht wird fallen...« und will damit zum Ausdruck bringen, daß mit dem Geschehen von Bethlehem die Nacht dieser Welt noch nicht zu Ende ist, denn auch nach Bethlehem wird weiter gelitten in dieser Welt, sei es durch Krankheit und Tod, sei es durch Menschen, die einander verfolgen und durch Kriege töten. Aber in diese Nacht hinein klingt die Botschaft der Hoffnung durch das Kind von Bethlehem. Klepper macht sich zum Rufer dieser Hoffnung. Die Botschaft der Hoffnung sollen alle hören, auch die, welche die Nacht voll »Angst und Pein« erleben müssen und die »zur Nacht geweint« haben.

Ahnen wir oder stellen wir es uns eigentlich vor, wie viele Menschen gerade am Heiligen Abend weinen? Wie viele Menschen enttäuscht, einsam, krank, innerlich und äußerlich verwundet sind? Dennoch soll Freude auch bei ihnen einziehen, so wie Kleppers Herz voll Weihnachtsfreude war trotz dessen, was ihn in dieser Zeit belastete und schließlich in den Tod trieb. Es kommt hier ein Gotteslob zum Klingen:

Noch manche Nacht wird fallen
auf Menschenleid und -schuld…
beglänzt von seinem Lichte,
hält euch kein Dunkel mehr.
Von Gottes Angesichte
kam euch die Rettung her.

Weihnachtsfreude unter Tränen

Wie der Apostel Paulus, der im Gefängnis von Phil-
ippi mit Silas Loblieder sang, so wollte Klepper Gott
mit seinem Lied loben, weil er uns als »Kind« und
»Knecht« begegnet. Auch Jesus hat geweint und Angst
gehabt im Garten Gethsemane – und Gott gelobt und
gepriesen. Schon Jesaja verheißt: »Es wird nicht dunkel bleiben über denen, die in Angst sind« (9,1). So
weist Klepper auf das Krippenkind und somit auf den
Gekreuzigten und Auferstandenen hin, wenn er sagt:
»Beglänzt von seinem Lichte, hält euch kein Dunkel
mehr.« Das ist christlicher Glaube: vorwärts blicken –
hinter uns liegen Weihnachten, Karfreitag und Ostern,
vor uns liegt das Reich Gottes, wo er alle Tränen abwi-
schen wird von unseren Augen. Darum singen wir:
»Die Nacht ist schon im Schwinden, macht euch zum
Stalle auf – der Tag ist nicht mehr fern.«

Die Melodie

Sie stammt von Johannes Petzold (1912–1985), einem
Organisten und Kirchenmusik-Dozenten aus Thürin-

gen. Er schrieb sie im Jahr 1939. Seine Melodie drückt mehr Anbetung als Lob aus; zum verhaltenen Jubel findet sie erst bei der Aufforderung »der stimme froh mit ein«. Dennoch ist es eine Melodie, die in unserem Innern weiterklingt, wenn sie erst einmal in uns heimisch geworden ist.

Die Bilder

Der Autor

Gerhard Blail, geboren 1913 in Kassel, Abitur in Erfurt, Theologie-Studium in Halle, Vikar in Erfurt, Pre-
digerseminar in Wittenberg, Hilfsprediger an der Stadtkirche zu Wittenberg. Soldat in Rußland, Gefangen-
schaft in Paris als Lagerpfarrer. Krankenhauspfarrer in
Mannheim, Gemeindepfarrer in Mannheim-Neuost-
heim, Dekan in Weinheim. Regelmäßige Beiträge u. a.
in den »Weinheimer Nachrichten«.

Seine Bücher im Quell Verlag:
Das Abendmahl. Eine Einführung und Orientierung
Die Apokryphen – Die Schriften zwischen Altem und
Neuem Testament. Eine Einführung und Orientierung
Meine Bibel. Inhalt – Aufbau – Entstehung: Eine Ein-
führung und Orientierung
Meine evangelische Kirche. Was jeder von ihr wissen
muß
Von Sonntag zu Sonntag. Glaube und Brauchtum

Bücher zu Weihnachten

Oscar Cullmann
*Die Entstehung des Weihnachtsfestes
und die Herkunft des Weihnachtsbaumes*
72 Seiten. Kartoniert

Arnim Juhre
Weihnachtsnachrichten
Gedichte
72 Seiten. Fest gebunden

Johannes Kuhn (Hg.)
Der Engel leuchtende Spuren
Ein Lesebuch für stille Stunden
176 Seiten mit acht Farbfotos von Ewald Stark
Fest gebunden mit Schutzumschlag

Helmut Ludwig
Nun zündet alle Kerzen an
Weihnachtsgeschichten
96 Seiten. Kartoniert

Helmut Ludwig
Die Weihnachtspalme
Weihnachtsgeschichten aus aller Welt
108 Seiten. Kartoniert

Claudia Rück (Hg.)
Alles sieht so festlich aus
Weihnachtsgeschichten aus alter Zeit
108 Seiten. Kartoniert

Martin Schmid
Blüten zur Heiligen Nacht
Warten auf Weihnachten
96 Seiten. Kartoniert

Sybil Gräfin Schönfeldt (Hg.)
Mein Weihnachtsbuch
176 Seiten mit acht Farbbildern
Fest gebunden mit Schutzumschlag

Doris Stehr-Rauser
Und am Himmel leuchtet für alle der Stern
Vorlesebuch zu Weihnachten
Mit Illustrationen von Simone-Kathleen Heinz-Stehr
108 Seiten. Kartoniert

Quell Verlag